SOPHIE AUCONIE

AU NOM DES MÈRES, DES FILLES ET DES SAINS D'ESPRIT

Inclusion, encore et encore.

Cheers!

Stanislas

PLUME d'ELEPHANT
ÉDITION

« À toutes les petites filles, ne doutez jamais que vous êtes précieuses et puissantes. Vous êtes dignes de toutes les opportunités dans ce monde, alors poursuivez vos rêves. »

Hilary Clinton

« L'espérance est le levain de l'effort. »

Jean Royer

« L'homme politique pense à la prochaine élection. L'homme d'État pense à la prochaine génération. »

James Freeman Clarke

I. PREMIERS APPRENTISSAGES

Deux grands-mères modèles

Si l'environnement familial constitue indiscutablement le référent originel, ce sont à mes deux grands-mères, dont je porte fièrement les prénoms, que je tiens prioritairement à rendre hommage. Il me semble évident qu'elles ont été mes premiers modèles et ont contribué à faire de moi la femme que je suis aujourd'hui. Suzanne, ma grand-mère paternelle, née en 1914, était issue d'une famille d'ouvriers agricoles du Gâtinais dit pauvre. Des « tâcherons », comme on les appelait. Les Julie (nom de jeune fille de ma grand-mère) étaient de ces gens dont l'horizon se bornait aux corvées mal rémunérées qu'ils devaient effectuer sans relâche pour subsister. Perdue au milieu d'une fratrie nombreuse, elle eut une enfance besogneuse, partagée entre les apprentissages rudimentaires de l'école communale et les travaux de la ferme. A l'adolescence, afin de peser moins lourd sur les modestes finances du foyer, voire de rapporter une maigre contribution, elle fut envoyée comme petite bonne chez l'agriculteur voisin. Là, un homme certainement beaucoup plus âgé, évidemment plus puissant et plus riche, dut considérer que le corps de cette jeune fille lui appartenait avec son travail. Droit de cuissage. L'homme abusa d'elle et Suzanne se retrouva enceinte, de jumelles m'a-t-on dit, qu'elle perdit avant le terme. Etait-ce intentionnel ? L'histoire ne le dit pas. Ma grand-mère ne s'en est jamais plainte, mais cette expérience douloureuse ancra en elle un vif sentiment d'indignation sociale, ainsi qu'un réel attachement à la cause ouvrière et aux idées de gauche, voire d'extrême-gauche, ainsi qu'elle me le confia à la fin de sa vie. C'est au cours de ces conversations ensemble que j'appris ce qui lui était arrivé durant l'adolescence et la fêlure que cela avait provoqué en elle. Elle en parla peu à ses enfants et je dois être une des rares à avoir eu vent de cette affaire, près de quatre-vingts ans plus tard. Si je ne partage pas précisément ses idées politiques, la même révolte face à l'injustice sociale m'anime depuis toujours et je suis certaine que ces discussions entre nous ont éveillé, ou avivé, cette flamme en moi.

Issu du même village, mon grand-père paternel Marcel Briard, appartenait au même milieu social, laborieux et précaire. Je suppose que c'est au cours d'un bal populaire qu'il fit la rencontre de Suzanne qu'il épousa et dont il eut sept enfants, quatre filles et trois garçons. Ils s'installèrent au "Petit Saint-Phal", à Saint-Hilaire-les-Andrésis, aux portes de Courtenay, ne possédant ni la terre ni la ferme qu'ils exploitaient, et versant un loyer de base ainsi qu'un prorata des récoltes à leur propriétaire. Cette ferme est le décor de mes premiers souvenirs familiaux, vacances ou réunions de famille, à l'occasion des baptêmes ou des mariages que cette tribu modeste et très unie célébrait dans la joie. Né deuxième de la fratrie, mon père prénommé Robert vit le jour en février 1940. Mobilisé au début du conflit, mon grand-père rentra du front après avoir reçu des éclats d'obus dans les deux jambes. Toute sa vie durant, il souffrit physiquement et moralement de ses blessures. Déprimé et fatigué, il mit fin à ses jours le 1er décembre 1978. Ma grand-mère, quant à elle, fait partie de toutes ces femmes qui ont permis à la France, pendant la guerre, de continuer à produire et de redémarrer rapidement, après la victoire. Comme celles de sa génération, et de la génération précédente, elle a tenu bon, assurant après ses journées harassantes son rôle d'épouse et de maman. Née à l'aube de la Première Guerre mondiale, bercée par les récits et entourée par les deuils, subissant le manque, déjà mère de trois enfants, ayant vraisemblablement ses parents à charge, ma grand-mère a su s'organiser avec ses maigres moyens pour permettre à sa famille de survivre. En 1914-18 comme en 1939-45, les femmes ont largement participé à l'effort de guerre, en prenant la place des hommes dans les usines ou dans les champs, en pansant les blessures, physiques et morales, en élevant les orphelins, en repeuplant le pays. Hélas, quand il s'agit de commémorer les armistices ou les victoires, quand on salue la mémoire de ceux qui sont tombés au Champ d'Honneur, qui ont été déportés ou ont été faits prisonniers, on omet systématiquement les femmes. On oublie que les guerres ne se gagnent pas que sous le feu des canons, dans les ministères et les hémicycles. Il faut aussi des paysans, des ouvriers, des infirmiers. Lorsque les guerres éclatent, ces paysans sont des paysannes, ces ouvriers des ouvrières et ces infirmiers des infirmières. Après les guerres, ce sont elles qui portent à bout de bras leurs époux blessés, cassés, usés par les combats. Ce sont elles qui repeuplent la France et elles qui élèvent les enfants du baby-boom. Et sans se plaindre. Que cela a dû être difficile à une époque où l'égalité entre les sexes n'était pas celle (si perfectible encore) que l'on connaît. Sur ce thème, cher à mon cœur, je recommande vivement le film *Les Gardiennes*, de Xavier Beauvois, avec Nathalie Baye et Laura Smet.

Destiné par sa naissance à la dure vie d'ouvrier agricole, mon père fit le choix de suivre des cours du soir après le certificat d'études, afin d'intégrer la Police Nationale au grade de sous-brigadier. Ce choix, exigeant, difficile, correspondait pour lui à une volonté d'ascension sociale et de respectabilité. Si sa famille parvenait au prix d'un travail sans relâche à subsister correctement, elle ne s'octroyait aucun loisir ni aucun luxe, même le plus petit, et souffrait d'une certaine déconsidération sociale. Il faut se rappeler qu'un véritable fossé séparait ceux qui vivaient de la force de leurs bras et ceux qui avaient de l'instruction. Plus encore que la fortune financière ou le confort matériel, le savoir établissait une infranchissable barrière entre notables et misérables. Ne fréquentant pas l'église, sans doute un peu anticléricale, la famille de mon père se coupait aussi sur le plan moral de cette frange de population plus aisée qui tenait naturellement à faire « comme il fallait » et veillait à sa réputation, vis-à-vis du curé comme de l'instituteur ou du maire.

Après avoir commencé sa carrière dans le Loiret, mon père fut muté en Région Parisienne, au Bourget. Ce rapprochement de la capitale revêtait, pour ses parents, des accents de grande ascension sociale. Globalement, la réussite de mon père rejaillissait sur toute sa famille, qui n'hésitait pas à lui témoigner sa fierté. Gardien de la paix, mon père a toujours exercé son métier avec le sens aigu de la justice sociale. Il lui semblait éminemment préférable, lors des interpellations, de prévenir plutôt que de guérir. Il quitta la police à 52 ans, lorsqu'émergea la culture du chiffre et du rendement. Policier empreint d'humanité, il considérait plutôt son rôle comme celui d'un maçon chargé de combler les fissures de la société. Loyal et travailleur, mon père gravit les échelons de la hiérarchie policière. Chacune de ses montées en grade s'accompagna d'une mutation et d'un déménagement. J'ai ainsi passé mon enfance à quitter la ville dans laquelle nous étions installés. Il finit sa carrière au grade de commandant du commissariat de Montargis. Il y mit en place notamment les Brigades Spéciales de Nuit, ancêtres de la BAC. De ce fait, il vécut en horaires quelque peu décalés par rapport à mon frère et moi. Revenant à proximité de sa terre natale, il put s'occuper de sa mère après le décès tragique de mon grand-père. Il s'éteignit en 2016.

Côté maternel, ma grand-mère, Madeleine Richard, était originaire de la Sarthe, du côté de Sillé-le-Guillaume. Elle en parlait d'ailleurs le patois dont il me reste quelques bribes, souvenirs de vacances passées dans ma famille sarthoise quand j'étais petite. Elle épousa mon grand-père René Angevin, un jeune agriculteur des environs, issu du même milieu modeste qu'elle. Perdus tous deux au milieu de fratries nombreuses, ils ne purent pas prolonger leur scolarité après le certificat d'études et se destinèrent aux durs travaux de la ferme, espérant posséder un jour la terre qu'ils cultiveraient. Il me semble pourtant certain que mon grand-père, s'il était né dans un autre milieu, aurait pu devenir ingénieur. C'était un homme brillant, curieux, féru d'érudition. Très amoureux l'un de l'autre, profondément croyants, ils eurent quatorze enfants en treize ans, contre les recommandations de leur médecin de famille qui suppliait ma grand-mère de se refuser à son mari ! Comme cela était encore assez fréquent à l'époque dans les familles nombreuses rurales, sur ces 14 enfants, 3 sont décédés en bas âge, de maladies. Déjà chargé de famille nombreuse en 1939, mon grand-père ne fut pas mobilisé. Il passa donc la guerre dans sa ferme, à cultiver sa terre pour nourrir ses enfants, ce qui eut pour lui un effet relativement néfaste car cela lui donna, à tort, l'impression qu'il n'était pas utile à son pays, ce dont il souffrit certainement. Lorsqu'il s'est agi, au lendemain de la Guerre, de réorganiser le territoire français, et de repeupler le Centre de la France, il leur a été proposé d'exploiter une ferme située dans le Loiret, moyennant des conditions incitatives. Voici comment ils migrèrent de la Sarthe vers Saint-Hilaire-les-Andrésis, joli village des environs de Courtenay, pour s'installer dans leur nouveau lieu d'exploitation, à deux pas de la ferme où travaillait ma famille paternelle. C'est donc une décision nationale qui permit à ma famille maternelle d'accéder à de meilleures conditions de vie et les déracina. Mes grands-parents et les six aînés des onze enfants, dont ma mère, conservèrent néanmoins un accent sarthois très prononcé. Quand j'étais petite, cet accent me complexait d'ailleurs quelque peu, au point que je racontais à mes camarades de classe que ma mère était une princesse russe en exil ! Personne n'a jamais remis ma parole en doute, signe que j'étais convaincante... ou que son accent était vraiment fort !

Tout comme une grande majorité de la population rurale sarthoise, ma famille maternelle était profondément croyante, de cette foi indiscutable qui impose la prière quotidienne, le bénédicité à chaque repas, la messe dominicale et le respect de toutes les fêtes religieuses. Tout était remis à Dieu, la naissance comme la mort, la joie comme le chagrin. Les liens avec le curé du village étaient très étroits, mes grands-parents le recevant régulièrement à leur table, où ils gardaient toujours une place pour un pauvre, un vagabond de passage. Le prêtre, naturellement, connaissait tout de la vie de chacun des membres de la famille. Le propre frère de mon grand-père devint prêtre missionnaire. Il fut envoyé en Birmanie où il mourut à Rangoon, de la malaria. Toute sa correspondance a été photocopiée et distribuée religieusement à chacun des membres de la famille. Pétrie de foi, ma grand-mère dota chacun de ses enfants d'un prénom double comprenant Marie : Marie-Marguerite, Marie-Françoise, Marie-Denise, Marie-Jeanne et Marie-Madeleine ou encore Jacques-Marie, Louis-Marie, René-Marie, Georges-Marie, etc.

Malgré la vie très dure qui fut la sienne, ma grand-mère impressionnait par son allure. C'était une femme digne, grande, belle, que l'on aurait pu imaginer, au temps de sa jeunesse, à Paris en robe du soir. Sensible, fine, généreuse, elle était dotée de qualités nobles. Cela dit, la vie l'avait endurcie, vis-à-vis d'elle-même et des autres aussi. Mon grand-père et elle formaient un très beau couple et leur exemple m'a réellement nourrie. Comme souvent dans les grandes fratries, les aînés étaient en charge des plus jeunes, ma mère s'est ainsi occupée de ses petits frères et sœurs, relayant sa mère dans l'éducation des cadets, tandis que les garçons secondaient leur père dans les travaux des champs. C'était ainsi : l'intérieur était l'affaire des filles et l'extérieur, celle des garçons. Chacun avait sa tâche, dans une répartition traditionnelle assez indiscutable et dans une forme d'unité propre aux familles nombreuses. Cela ne supposait d'ailleurs pas nécessairement que la relation entre hommes et femmes soit hiérarchisée. Ainsi, ma mère put passer son permis de conduire au même âge que son frère aîné et elle avait accès à la voiture familiale au même titre que si elle avait été un garçon. Si mon grand-père pouvait avoir tendance à marquer une forme de préférence pour certains de ses enfants, dont ma mère, cela n'était pas lié au fait qu'ils soient filles ou garçons.

Plusieurs décennies plus tard, à l'occasion de réunions de cousins, je mesure ce lien indicible qui les unit. En les observant, je sais qu'ils ont partagé les mêmes jeux et fait les mêmes bêtises, vécu les mêmes heures difficiles et les mêmes moments heureux, arpenté les mêmes chemins, chaussés de sabots ou de galoches, pour se rendre à l'école, comme dans *La Guerre des Boutons*. Membres d'une fratrie presque autosuffisante, unis, soudés, ils ont chacun pris leur part dans un ensemble qui les dépassait un peu, dans la chaleur d'un foyer dur mais aimant. Née en novembre 1935 et prénommée Marie-Marguerite, Maman décrocha son certificat d'études puis, après avoir travaillé quelque temps à la ferme familiale, elle partit travailler comme vendeuse dans une boulangerie du Bourget.

C'est lors d'un séjour dans leur ferme familiale que mes parents se rencontrèrent au bal du samedi soir du village. Bien qu'ayant grandi à quelques centaines de mètres l'un de l'autre, ils ne se fréquentèrent absolument pas durant l'enfance, probablement en raison de la légère différence sociale qui existait entre leurs deux familles. C'est à l'occasion d'un bal populaire donné un samedi soir à Saint-Hilaire qu'ils firent connaissance. Après leur mariage, ma mère se consacra à l'éducation de ses enfants et suivit son mari dans ses déménagements professionnels successifs. Malgré l'éducation assez traditionnelle qu'elle a reçue, malgré son statut de « numéro 6 » au sein d'une fratrie nombreuse, malgré ses cinq ans de plus par rapport à mon père, Maman a toujours été une femme assez espiègle, légère, presque gamine, ce qui contrastait fortement avec la maturité précoce de mon père que sa vocation de policier et son service militaire effectué en grande partie en Algérie avaient renforcée.

Comme beaucoup de jeunes gens de sa génération, mon père fut envoyé là-bas pendant 18 mois, après avoir effectué ses classes en métropole. C'est un moment de sa vie dont il ne m'a jamais vraiment parlé et je suppose qu'il n'a pas très bien vécu cette guerre à laquelle il a été contraint de participer. Bien sûr, il noua de solides amitiés avec quelques-uns de ses compagnons de galère, mais je suppose que le contexte difficile, traumatisant, dans lequel ils se rencontrèrent n'est pas étranger à la force des liens qui les unirent jusqu'à la fin de leur vie. Pour mon père, comme pour plusieurs de ses camarades, ce départ pour l'Algérie était une première occasion de quitter le sol français. Nombre d'entre eux, originaires de la campagne, n'étaient jamais partis au-delà du chef-lieu de leur canton ou de la préfecture de leur département. Ils se retrouvaient donc tous un peu perdus, sur ce sol exotique, au milieu d'une population incroyablement différente de ce qu'ils connaissaient, dans une culture qu'on ne leur avait pas expliquée, sinon pour la dénigrer, au milieu d'une guerre dont ils ne comprenaient pas vraiment les enjeux... A l'école de la République, au début des années 1950, on enseignait encore la fierté de l'empire colonial français. Pour mon père, comme pour une majorité de la population, l'Algérie, tout comme l'Indochine, devait rester française, au nom de la grandeur de la France et dans le plus grand intérêt des populations indigènes. La colonisation prétendait apporter la civilisation aux peuples autochtones et il était aisé de se considérer dans le camp du bien lorsqu'on la défendait, à l'époque. Un léger sentiment de supériorité a toujours caractérisé la France dans son rapport au reste du monde, cela a certainement compliqué notre histoire coloniale. Il y a une part de domination, assez militaire et masculine, dans la vision française des relations internationales. Elle s'incarne dans notre Histoire nationale par Louis XIV ou Napoléon, notamment, mais aussi par tous les grands conquérants. Ce sont eux que l'on apprend à admirer à l'école, ce sont leurs exploits guerriers que l'on raconte. Et de fait, la plupart des coups diplomatiques français se sont toujours joués sur ce terrain viril. Il serait intéressant de voir ce que peuvent donner une vision et une voix plus féminines sur la scène internationale... J'espère que la génération actuelle et les générations à venir feront évoluer les mentalités sur ce plan.

A la fin de son service militaire, dans le courant de 1962, mon père rencontra ma mère. Ils n'étaient plus des gamins et les choses allèrent relativement vite entre eux, puisqu'ils se marièrent le 17 avril 1963, Maman étant déjà enceinte de cinq mois. Etant donné l'environnement familial, il est évident que cette grossesse avant mariage ne fut pas facile à annoncer. Est-ce la raison pour laquelle le ventre de ma mère ne s'arrondit quasiment pas durant les deux premiers tiers de sa grossesse ? Le fait est que son état passa presque inaperçu le jour de son mariage et qu'elle s'épanouit physiquement après l'avoir annoncé à tout le monde ! Mon père, quant à lui, ne s'offusquait pas de cette entorse aux convenances. Il aimait ma mère et était heureux de fonder une famille avec elle. Sa situation professionnelle, jugée favorablement par tout l'écosystème familial, aida à faire passer la dragée et leur mariage, décidé en quelques semaines, permit de régulariser leur situation. Quatre mois plus tard, le 19 août 1963, au cœur d'un été pluvieux et froid, une petite fille vint au monde dans la clinique de Dugny (93). Robert et Marie-Marguerite Briard choisirent de donner à leur premier bébé un prénom en vogue à l'époque, Sophie, et d'y accoler les prénoms de leurs mamans respectives, Suzanne et Madeleine, comme deux bonnes fées se penchant sur son berceau.

Eloge de l'adaptabilité

Sophie est un prénom relativement intemporel, dont la popularité a explosé de 1960 à la fin des années 1990. Durant mon parcours, il m'est arrivé d'en croiser plusieurs dizaines, certaines plus âgées, d'autres plus jeunes que moi. J'ignore si c'est lié à leur prénom, mais il me semble qu'elles ont toutes en commun une certaine espièglerie, sans doute celle que la Comtesse de Ségur immortalisa dans son célèbre roman. Je ne crois pas connaître de Sophie maladivement timide, que ce soit dans mon entourage ou parmi les personnages plus médiatiques. Peut-être le prénom joue-t-il un rôle dans le caractère que l'on a. J'ai davantage tendance à penser que les astres influent sur notre destinée. Or mon thème astral et ma carte du ciel sont désastreux. Sur cette carte, je suis seule d'un côté, face à toutes les planètes, ce qui me promet un destin marqué en permanence par l'adversité. Cette lecture m'a été faite par une astrologue que j'ai consultée il y a près de vingt-cinq ans. Aussi curieux que cela puisse sembler, je n'ai jamais osé demander de contre-expertise par un autre astrologue, de peur que soit confirmée cette sorte de malédiction à laquelle je pense à chaque fois que je dois faire face à une relation offensive. Depuis lors, il me semble que j'ai tendance à subir l'adversité plutôt qu'à la combattre, considérant, certainement à tort, que c'est là ma destinée. Partant du principe qu'elle fait partie de mon schéma astrologique, toute épreuve m'apparaît comme inéluctable. A différentes étapes de ma vie, cet élément a certainement joué contre moi sur les plans professionnel et politique.

A ma naissance, mes parents habitaient un petit appartement au Bourget, avenue de Paris, dont la cuisine en formica jaune a marqué mes premiers souvenirs, tout comme leur chambre à coucher, également meublée de formica, et notre salon où trônait une télévision en noir et blanc, diffusant une seule chaîne. Dans cette France des années 1960, l'équipement de la maison marquait une réelle rupture par rapport aux générations précédentes. Je me rappelle la joie et le soulagement qu'apporta à ma mère l'arrivée d'une machine à laver le linge. C'était une véritable note de modernité pour son foyer et un allègement pour sa vie de femme. Cette génération n'aurait pas la même vie que ses parents. L'ascenseur social et le progrès technique des Trente Glorieuses allaient leur permettre de consacrer du temps à autre chose que leur travail et l'entretien de leur maison. Il faut imaginer ce que devaient être pour ma grand-mère les journées entières passées au lavoir pour entretenir le linge d'une famille aussi nombreuse !

Mes parents vivaient dans un petit immeuble de quelques étages. Au même moment, à quelques centaines de mètres de chez eux, dans toute cette banlieue Nord de Paris des immeubles deux ou trois fois plus hauts poussaient comme des champignons. Dans ces ZUP construites à l'emplacement d'anciens baraquements, l'Ile de France s'apprêtait à accueillir l'exode rural, les rapatriés d'Algérie, puis les premières vagues d'immigration européenne et nord-africaine, main d'œuvre bon marché venant participer à la reconstruction et à l'essor de l'industrie française. A l'époque de ma naissance, la Seine-Saint-Denis était une banlieue ouvrière promise à un avenir brillant. Ses grandes tours, conçues par les meilleurs architectes de l'hexagone, offraient un confort d'habitation inédit, ainsi que la proximité avec tous les services publics. C'était l'ère du plein emploi, de l'espoir et le rêve d'une croissance illimitée. La ville du Bourget, elle-même, grâce à son aéroport, jouissait d'un immense prestige. Pour mes parents comme pour la population, la Seine-Saint-Denis était un territoire-tremplin, permettant aux classes populaires de vivre dans la modernité et d'accéder au progrès. Une triple utopie politique, sociale et architecturale planait sur cette banlieue. Depuis, ces grands ensembles sont évidemment devenus les stigmates de la crise des années 1980 et 1990. Marquée par le déclassement, la violence sociale et une certaine forme d'abandon des pouvoirs publics, la Seine-Saint-Denis est aujourd'hui le plus pauvre des départements de France.

Mon père étant promu, toute la famille partit pour Nogent-sur-Oise. Nous avons alors emménagé à la Commanderie, une nouvelle résidence très agréable où vivaient de nombreuses familles de policiers, dans un écrin de modernité au cœur d'un environnement verdoyant. En quelques décennies, ce lieu, lui aussi, est devenu une véritable plaque tournante du trafic de drogue où la population, très marquée par le chômage, s'est fortement paupérisée. J'en garde quant à moi un très joli souvenir. Il est bien désolant de constater que tous ces lieux d'accueil de la classe moyenne ont subi un immense déclassement et se sont ghettoïsés. Ces endroits où l'on était fier d'aller vivre sont devenus des endroits que l'on ne choisit pas et dont on rêve de pouvoir partir, pour ne pas mal tourner...

Avant son mariage, Maman travaillait comme vendeuse dans la boulangerie d'une famille adorable avec laquelle elle noua des liens durables. Au moment de ma naissance, Maman choisit leur fille Christiane pour être ma marraine. Les Barrier décidèrent un beau jour de revendre leur affaire pour s'établir dans les Pyrénées Orientales, au Boulou, à deux pas de la frontière espagnole. C'est dans ce petit coin de paradis que s'ancrent mes premiers souvenirs conscients car chaque été, je traversais la France en train, accompagnée par le grand-père Henri, pour quelques semaines de vacances dans la famille de ma marraine. L'exploitation de leur activité pendant des décennies et la vente de leur boulangerie du Bourget leur avaient assuré une certaine aisance financière, sans commune mesure avec le train de vie de mes parents ou de mes grands-parents. Chaque été, ils m'accueillaient à bras ouverts, me choyaient et me gâtaient comme une princesse. Dans cette très belle maison, où il faisait bon et chaud, entourée d'animaux, j'ai vécu des moments extrêmement heureux qui sont restés gravés dans ma mémoire.

Deux ans après ma naissance, l'arrivée de mon frère Jérôme a dû chambouler ma vie de fille unique mais je n'en ai conservé aucun souvenir ni aucune rancune. En 1970, Maman mit au monde un autre petit garçon prénommé Guillaume qu'une malformation cardiaque emporta très précocement et dont, consciemment ou non, je ne me souviens pas, sinon de l'annonce de sa mort, un dimanche matin, par un membre du personnel de l'hôpital, venu jusqu'à notre porte... Dans ces temps encore très humains, on ne prévenait pas les gens au téléphone, on se déplaçait. Mes parents furent durablement marqués par cette triste épreuve, même si mon père, très pudique, masqua son chagrin. Ma mère se mit à fumer cette année-là, une mauvaise habitude qu'elle ne quitta jamais. Globalement, ce drame jeta certainement un voile de tristesse sur l'insouciance de notre famille et de cette époque.

Je fis mon entrée à l'école à la fin des années 1960, dans la classe de Mademoiselle Rossignol. Curieuse, débordant d'énergie, j'étais enthousiasmée de me retrouver en présence de petits camarades, de pouvoir jouer dans la cour avec eux, et d'étancher ma soif d'apprendre. L'apprentissage de la lecture et de l'écriture furent pour moi de grands moments de joie. J'aimais l'école, j'étais évidemment très attachée à mes différentes institutrices et tout se passa très bien pour moi sur le plan scolaire. Nous avons ensuite déménagé à Orléans et j'eus plutôt des hommes comme professeurs. Il me semble que je les admirais beaucoup et que j'avais un grand respect pour ce qu'ils représentaient. Parmi eux, je me rappelle Monsieur Cousin, un homme bon, toujours en blouse grise maculée de craie blanche, qui me fit aimer le fait d'apprendre. Mon frère étant devenu instituteur et travaillant dans la même école que Monsieur Cousin, j'ai eu l'occasion, de nombreuses années plus tard, de le revoir et de lui dire tout le bien que je pensais de lui pour ce qu'il avait produit en moi sur le plan intellectuel. Ce fut une grande joie de pouvoir le remercier pour tout cela.

Très attirée par la lecture dès le CP, je dévorais les livres et étais heureuse de pouvoir emmagasiner les connaissances sur les sujets les plus variés. La lecture me permettait aussi de rêver et de m'évader et je suivais avec exaltation les aventures du *Club des Cinq* ou de *Fantômette*. Quelques années plus tard, je plongerai avec passion dans les romans de la Comtesse de Ségur, puis d'Emile Zola, de Victor Hugo et ceux de Pearl Buck, autrice qui me fit découvrir la vie, l'amour, et me permit d'appréhender les questions de la filiation, de la relation charnelle et de l'ouverture à d'autres cultures.

Ce sont les auteurs et les poètes qui nous permettent de mettre des mots sur les émotions, d'en comprendre les nuances, la force ou la noirceur...Ils sont indispensables à notre vie et à notre monde.

A l'occasion d'un anniversaire ou de Noël, ma chère marraine m'offrit une poupée qui parle, de la marque Corolle. Elle marchait comme un robot et pouvait prononcer quelques mots, assez machinalement. Je devais être une des premières du quartier à posséder un tel trésor et cet élément de convoitise me rendit extrêmement fière. J'en prenais bien sûr un soin infini. Plus tard, à l'adolescence, j'ai découvert *Risk*, un jeu de guerre et de diplomatie auquel j'ai joué pendant des heures entières avec Jérôme. Toutes les occasions étaient bonnes pour y initier un(e) ami(e) ou un(e) cousin(e). J'en étais tellement mordue qu'il m'arrivait, après une longue partie, de revivre les coups décisifs et d'imaginer, au lieu de m'endormir, quelle autre stratégie j'aurais pu adopter pour remporter la victoire ! Ce jeu de société absolument génial a accompagné toute ma grande enfance.

Habituée à déménager assez fréquemment, au gré des changements de commissariat de mon père, je quittais les lieux où je commençais à m'enraciner. Je n'ai donc pas gardé d'amitié d'enfance, ce qui a certainement constitué un manque pour moi. J'aurais beaucoup aimé grandir en compagnie d'une meilleure copine avec laquelle partager mes jeux et mes secrets, chez qui aller dormir quand elle ne viendrait pas chez moi... Ce n'a pas été le cas. A peine commençais-je à nouer quelques liens et à m'attacher à quelques personnes que nous devions partir. Bien sûr, nous nous promettions de nous écrire, cela tenait quelques mois puis, inévitablement, les liens se distendaient. A chaque emménagement, je redevenais la petite nouvelle, au milieu de gens qui se connaissaient déjà, obligée de m'intégrer. Si cela peut sembler inconfortable de prime abord, je crois que cela m'a permis, très tôt, de me faire remarquer et de cultiver de grandes capacités d'adaptation. C'était presque une stratégie de survie. Il fallait que je fasse ma place en peu de temps, que je me transforme en objet de curiosité pour les autres, et surtout que je saisisse les nouveaux codes, amicaux, sociaux, scolaires. Je crois en avoir tiré une force. Plus timide, mon frère a certainement davantage souffert de cette situation que moi. Je devenais alors en quelque sorte son sémaphore lorsqu'il était un peu perdu. Cela aussi m'a permis de m'affirmer.

Du fait de cette instabilité géographique, ma très nombreuse famille, des deux côtés, constitua pour moi un univers amical et affectif plus stable. Nous sommes 7 cousines du même âge, nées en un an et demi, et entourées de garçons : Corinne, Isabelle, Laurence, Sylvie, Nathalie, Nadine et moi. Elles sont mes amies d'enfance car nous avons composé une bonne bande, nous retrouvant de façon très régulière chez nos grands-parents pour les vacances, les fêtes religieuses et les fêtes de famille traditionnelles... C'est avec elles que j'ai les souvenirs les plus lointains et les plus prégnants. Cette situation a néanmoins créé parfois quelques tensions entre nous car nos parents ont eu tendance, sciemment ou non, à nous comparer en permanence et à créer entre nous, à tout propos, une forme de compétition qui n'avait pas lieu d'être.

C'est durant ma tendre enfance que survint un événement qui me marqua profondément et contribua vraisemblablement à forger certains des combats auxquels je tiens plus que tout aujourd'hui, dans mon rôle de députée. Nous habitions Orléans, j'avais à peine six ans, et je jouais avec plusieurs petites filles dans l'aire de jeux de la résidence où nous logions. Il y avait là quelques agrès sur lesquels nous nous amusions à jouer au cochon pendu, faisions de la balançoire, du toboggan, etc. Une soirée de printemps, un monsieur nous observait. Chacune de mes amies, à tour de rôle, quitta l'aire de jeux, jusqu'à ce que, sans m'en rendre compte, je me retrouve seule avec lui. Il m'adressa alors la parole pour me demander de rentrer chez moi afin que mes parents ne s'inquiètent pas. Il avait raison, je suis donc partie en direction de notre cage d'escalier. L'homme m'y a suivie. Il m'a ensuite portée dans ses bras et je me suis immédiatement sentie extrêmement vulnérable car il y avait dans cette situation quelque chose de très anormal. Incapable de me débattre ou de crier, j'étais paralysée de peur face à cet inconnu. Nous avons monté les différents étages, puis j'ai eu le réflexe de donner un grand coup de reins. Il m'a lâchée. Je suis partie en courant, puis je suis arrivée devant la porte de notre appartement, fermée à clé. J'ai tenté en vain de l'ouvrir, et me suis réfugiée chez notre voisine. Elle venait d'emménager, elle m'accueillit livide, transie de trouille, incapable d'expliquer quoi que soit. Alertée par les bruits que j'avais faits en tentant de rentrer à la maison, Maman sortit de notre appartement et vit que j'étais en face. Elle me calma et je pus alors expliquer ce qui venait de se produire et qui m'avait traumatisée. Mon père, travaillant de nuit, était en train de dormir à l'appartement. Dès qu'il fut réveillé, il fit le tour des caves, des escaliers et de la résidence et ne trouva jamais ce monsieur. Ce souvenir m'a hantée toute mon enfance. J'ai cauchemardé pendant des années que je courais sur un pont qui n'en finissait pas, tentant d'échapper à une menace invisible. Dans cet affreux rêve, je ne courais jamais suffisamment vite pour me sauver et l'image d'une main brandie vers moi, tenant un sac de toile de jute, me faisait me réveiller en sursaut. Hélas, je n'ai jamais consulté de psychologue, ce qui m'aurait peut-être permis de lâcher prise avec ce traumatisme. A chaque fois qu'un grand prédateur sexuel est à la une de la presse, je ne peux m'empêcher de repenser à cet épisode qui a gâché une partie de mon enfance. Le combat contre les violences sexuelles est aujourd'hui une de mes priorités politiques.

La soif de vivre

Tout au long de ma scolarité, les mêmes appréciations sont invariablement revenues sur mes bulletins trimestriels, comme si tous mes professeurs s'étaient passé le mot « élève intelligente, trop bavarde et trop dissipée. » Sans doute enfant précoce non diagnostiquée, hyperactive, j'ai eu tendance à m'ennuyer un peu sur les bancs de l'école et mes résultats n'ont jamais été très glorieux. L'espace confiné de la classe me semblait parfois un peu étriqué et mon adolescence ne me rendit pas particulièrement docile. Très active et volubile, j'existais sans doute trop dans chacune des classes que je fréquentais. J'avais besoin qu'on me voie, qu'on m'entende, je parlais beaucoup, sans toujours demander l'autorisation...J'y vois évidemment la conséquence de mon enfance nomade, constamment déracinée, au gré des affectations professionnelles de mon père, créant le besoin de me faire remarquer et aimer par mes nouveaux petits camarades. Vis-à-vis d'eux, la stratégie fonctionna plutôt correctement puisque je fus régulièrement élue déléguée de classe, et même présidente de mon collège ! Certes, mes professeurs louaient ce dynamisme et cette capacité à fédérer, mais je devais sans doute les agacer ou les épuiser un peu car je n'étais pas simple à canaliser.

Après l'école des Anguignis, une petite école de quartier où j'étais arrivée en cours d'année scolaire et dont je conserve des souvenirs extraordinaires de fresques peintes sous les préaux, je suis entrée au collège Etienne Dolet à Orléans. Maman ayant arrêté l'école après le certificat d'études, c'est mon père qui suivait ma scolarité, seul papa au milieu des mamans pendant les réunions de parents ou les rencontres avec les professeurs. Nous avons ensuite déménagé pour Montargis et je fus scolarisée au lycée En Forêt. Je me mis à fréquenter de doux voyous de ma cité, des loubards romantiques, comme dans les chansons de Renaud, à qui mon père tirait les oreilles la nuit ! S'ils étaient parfois assez remontés contre la société, ils avaient du respect pour ce « flic » humain, à l'autorité naturelle et bienveillante. Je crois qu'il cherchait davantage à accompagner ces gamins en perdition, voleurs de mobylettes et bagarreurs du samedi soir, qu'à les sanctionner à tout prix. Ce n'étaient pas de dangereux caïds, impliqués jusqu'au cou dans des trafics de drogue, c'étaient des petits malfrats de quartier, un peu paumés. Quant à moi, j'ai sûrement été assez pénible à vivre durant ces quelques années de crise d'adolescence et j'admire ma mère d'avoir toujours gardé son calme ! Mon attitude insupportable vis-à-vis de mes parents me valut une gifle, une seule, de la part de mon père. Ce geste réflexe m'interloqua et fit pleurer mon père. Rebelle et vindicative, je ne lui ai plus parlé pendant un an. Ce fut un calvaire pour lui. Rétrospectivement, je trouve cela affreux. Si ces « mauvaises » fréquentations posèrent certainement problème à mes parents, je suis certaine qu'elles ont largement contribué à ma construction et je n'en regrette rien.

Pendant les vacances, mes cousines et moi travaillions à la station-service que possédaient mon oncle et ma tante sur la fameuse Nationale 7, seule route des vacances pour les Français jusqu'à l'extension du réseau autoroutier. Un peu court vêtues – à l'époque, nous trouvions tous cela très normal - nous servions l'essence et lavions les pare-brise, pour la plus grande joie des automobilistes et des routiers qui nous gratifiaient souvent de généreux pourboires. Je pus grâce à ces premiers salaires faire l'acquisition d'un mange-disque, puis d'un tourne-disque et d'un radiocassette : à moi la révolution culturelle ! J'ai énormément écouté Georges Brassens, Jacques Brel, puis Michel Berger, ainsi que Fleetwood Mac, Alan Parsons Project...C'était assez satisfaisant de faire découvrir aux copains de classe des groupes anglo-saxons qu'ils ne connaissaient pas forcément. Evidemment, mes cousines et moi étions très heureuses de gagner un peu d'argent de poche de cette manière et je pense que nous étions plutôt flattées d'être regardées par les clients de la station-service. Il faut remettre les choses dans leur contexte. La figure de l'adolescente était très érotisée dans les années 1970, sans que qui que ce soit y trouve réellement à redire. Dans la littérature, le cinéma ou dans la musique, enivrés par le mythe de Lolita et encouragés par la libéralisation des mœurs post 68, des hommes, mûrs, décrivaient, désiraient, objectivaient, les visages et les corps des adolescentes, projetant leur propre fantasme sur des jeunes filles innocentes. Cela rejaillissait évidemment dans la vraie vie, dans la rue. Quand je partais pour le lycée, je quittais mes parents habillée comme une jeune fille modèle. Dès l'escalier, je me métamorphosais en revêtant jupes courtes et jambières ! C'était mon choix, mais il était nécessairement dicté par la culture qui a continué à exister de cette façon jusqu'à la fin des années 1990. Nous sommes entrés depuis dans une ère plus puritaine sur le plan des mœurs.

Sur ce thème, les questions du corps et de la sexualité n'étaient pas du tout taboues dans ma famille, malgré le poids de la religion. C'étaient des sujets dont nous pouvions parler assez librement, notamment entre mère et fille. Ma mère m'ayant eue relativement tard pour sa génération (elle avait 28 ans à ma naissance), elle avait une certaine maturité qui lui permettait de ne pas reproduire avec moi le schéma qu'elle-même avait vécu avec sa propre mère. Elle pouvait aussi en parler avec ses sœurs dont les filles, cousines de mon âge, connaissaient les mêmes questionnements. Elle put donc m'accompagner sereinement durant ma puberté et mon adolescence et ne redoutait pas ces sujets.

Lorsque l'on demande aujourd'hui aux adolescents ce qu'ils voudraient faire plus tard, ils sont en général assez vagues, n'en ont pas une idée très précise. A la fin des années 1970, sans doute parce que le chômage n'était pas encore très ancré dans la réalité économique comme dans les mentalités, la plupart des jeunes savaient où ils voulaient aller. Ce n'était pas du tout mon cas. Je voulais être maître de mon destin mais je ne savais pas trop comment m'y prendre. Elève assez moyenne, j'ai été orientée en 1e et Terminale B, avec de bons résultats en économie, en langues et en français et des notes moins glorieuses en mathématiques ou dans les matières scientifiques, heureusement à faible coefficient. Après mon bac, décroché, en juin 1981, je suis entrée en fac de droit, sans grande conviction, avant de bifurquer en fac d'espagnol. Je me rendis rapidement compte que je n'étais pas faite pour l'autonomie demandée aux étudiants de fac. Mes parents suivaient mes résultats avec bienveillance, mais ils ne sont jamais montrés stricts vis-à-vis de moi. Ils me laissaient faire. Désireuse d'être autonome financièrement, j'ai commencé à travailler pour des remplacements comme secrétaire médicale chez un médecin acupuncteur. Le jour où la titulaire du poste prit sa retraite, il me fut proposé de prendre sa place. J'ai accepté, ce qui m'a conduite à arrêter précocement mes études, ce que je regrette beaucoup aujourd'hui. Ayant gravi les échelons en parfaite autodidacte, je me dis que je serais peut-être allée plus haut, ou plus vite, que ce parcours aurait peut-être été plus épanouissant, si j'avais eu des bases universitaires plus solides. Tout ce que j'ai accompli par la suite, je l'ai fait en doublant la charge de travail afin de combler mes lacunes et d'acquérir un socle que les études supérieures permettent de se forger. Encore un peu rebelle au sortir de l'adolescence, élevée par des parents peu exigeants sur ce plan, je n'ai pas mesuré à quel point le bagage des études supérieures est important. Si j'avais cravaché, si j'étais allée au bout de mon cursus de droit, si j'avais tenté Sciences Po ou l'ENA, quel aurait été mon parcours, où en serais-je aujourd'hui ? Nul ne peut le dire, bien sûr, mais je ne peux m'empêcher de nourrir un certain regret sur ce que je n'ai pas fait, par manque de lucidité, de volonté, et d'accompagnement familial. Sans doute mes parents auraient-ils été plus exigeants si j'avais été un garçon. Lorsque je leur ai annoncé que j'arrêtais mes études, ils m'ont simplement répondu : « Bon, d'accord, comme tu veux. Va travailler. » Mon frère a été davantage secondé, accompagné, voire bousculé. Je pense faire partie de cette génération pour laquelle l'ambition de la société dans son ensemble n'était pas la même selon que l'on était une fille ou un garçon. Je crois qu'à ma génération encore, le statut d'une femme s'acquérait très majoritairement par la naissance ou par le mariage… Tout une construction sociale ancestrale destinait plutôt les femmes à devenir épouses et mères que cadres ou hauts fonctionnaires… On nous poussait davantage à épouser un homme qui ait une bonne situation qu'à exercer nous-mêmes un poste à responsabilités. Il me semble que pour la génération suivante, les choses ont commencé à bouger. Beaucoup reste à faire, bien sûr, mais on part de très loin et la situation tend à s'améliorer, il faut bien le reconnaître. Il suffit, pour s'en convaincre, de voir l'augmentation de la proportion de femmes dans la plupart des grandes écoles, des doctorats ou des filières longues.

II. NAISSANCE D'UNE AMBITION

Working girl

Partie de chez mes parents pour vivre avec mon petit ami, travaillant comme secrétaire médicale, je ressentis assez rapidement une forme d'étouffement. C'était trop étroit. Dans le milieu des années 1980, il devint possible technologiquement, d'effectuer des transferts d'appel. Cela n'a l'air de rien, mais cela me permettait de ne pas travailler physiquement au cabinet de mon employeur, mais aussi de développer une clientèle d'autres médecins, de professions paramédicales, voire d'artisans, d'assureurs, etc. Voici comment j'ai créé ma petite affaire, Prestel Services, de secrétariat multicartes. Assez rapidement, le succès fut au rendez-vous et j'eus une cinquantaine de clients différents dont je gérais les carnets de rendez-vous, le développement du Minitel me permettant parallèlement de remplir leurs agendas à distance. J'eus quelques retombées presse intéressantes, dont un article dans le magazine *L'Entreprise* que lut un homme qui créait des structures immobilières de partages de bureaux, avec partage de secrétariat. Il me contacta pour piloter ce nouveau projet sur toute la France. Convaincue par l'idée et par l'homme, Jean-Pierre Le Doré, j'ai revendu Prestel Services pour me lancer dans cette nouvelle aventure, avec là encore un certain succès. Parmi mes nombreux prestataires de l'époque, la société Auguste Thouars prenait en charge une partie de la location des bureaux. Je fus amenée, petit à petit, à en rencontrer différents directeurs régionaux. En plein boom immobilier, cette entreprise était en recherche perpétuelle de nouveaux talents et on me fit savoir que mon profil intéressait.

Avec un peu de recul, il me semble aujourd'hui que ma construction personnelle en tant que femme, mon évolution professionnelle et la naissance de mon engagement politique constituent l'écho de mon expérience chez Auguste Thouars. C'est au sein de cette société de dimension européenne, spécialisée dans l'immobilier d'entreprise que j'ai pris conscience du potentiel qui pouvait être le mien. Au tournant des années 1990, les grandes zones d'activités étaient en plein essor. Les banques, les compagnies d'assurance, investissaient des milliards dans l'immobilier qui connaissait une période extrêmement florissante. C'était l'ère de la gagne, des *golden boys* et des *working girls*, des hausses de salaires mirobolantes et des Golf GTI…

Très engagée, comme je le suis toujours, j'obtenais d'excellents résultats. Un jour, mon manager, Monsieur Andrieu, me convoqua dans son bureau pour souligner ma réussite et me confier le lancement d'une agence régionale, à Tours. Dans sa manière de me proposer ce poste, il me fit comprendre que je n'avais pas trop le choix et que cette offre était de celles qu'on ne peut pas refuser. Après avoir passé mon enfance à déménager dans des petites villes de Province, j'avais été extrêmement heureuse de venir travailler à Paris. Vivre dans la Ville Lumière participait de cette consécration, symbolisait ma réussite professionnelle et sociale. Petite-fille de paysans, fille de fonctionnaire de police, j'étais devenue Parisienne ! Au début, je dois bien l'avouer, ce retour à la case province ne me faisait pas du tout sourire, je le vivais presque comme une sorte de sanction et puis je sentais bien qu'on m'attendait au tournant. Il n'y avait pas que de la bienveillance dans les messages d'encouragement que je recevais de la part de mes collègues hommes. Je sentais bien que certains devaient espérer fortement que j'échoue et que cette promotion prenne la tournure d'un enterrement de troisième classe. Le 21 septembre 1990, j'ai donc posé mes valises à Tours avec une forme de résignation mêlée d'obligation de réussite. Je me suis investie corps et âme pour faire décoller cette antenne régionale et mon travail a porté ses fruits.

Très rapidement, j'ai compris qu'il me fallait développer mon réseau local et j'ai décidé d'adhérer à la Jeune Chambre Economique de Tours. Cela a été un tournant dans mon existence qui a fortement contribué à façonner la femme que je suis devenue. J'y ai rencontré des personnes absolument merveilleuses, porteuses de très belles valeurs humaines. A l'évidence, le fait d'être dynamique, jeune, célibataire, grande, blonde et pas trop laide m'a clairement aidée. Il y aurait d'ailleurs beaucoup à écrire sur l'importance des apparences dans la réussite professionnelle, notamment pour les femmes. Aussi choquant et difficile à admettre que cela puisse être, je sais que mon physique m'a ouvert des portes. J'imagine les propos qui ont accompagné la rumeur de mon arrivée à Tours et de mes premiers coups immobiliers. Je trouve cela désolant, et je suis certaine que toutes les femmes qui réussissent dans ce genre de métiers, traditionnellement masculins, ont entendu les mêmes. Il est grand temps que les mentalités évoluent.

Dans certains milieux professionnels, on a tendance à penser que la compétence est une vertu masculine et que les femmes sont a priori incompétentes. C'est absolument sidérant. De même, combien de fois ai-je vu, lors de séminaires d'entreprise, hors cadre, dans des hôtels somptueux, loin de leur domicile, des hommes mariés, tout ce qu'il y a de plus respectables, se transformer en une bande de loups affamés, prêts à se jeter sur la première proie ? Je me demande même s'il n'existait pas une sorte de concours officieux… C'était la mentalité de l'époque dans le monde des affaires, me dit-on… Je crains que ce ne soit toujours le cas aujourd'hui, de manière plus feutrée sans doute. Cet état d'esprit de prédateur, encouragé dans certains univers professionnels, n'est pas des plus glorieux. Il suffit de voir la tournure que prennent encore aujourd'hui les soirées d'écoles d'infirmières ou les weekends d'intégration, alors même que les bizutages sont soi-disant interdits. Les mêmes principes d'obéissance aveugle à une prétendue tradition, d'humiliation des nouveaux par les anciens, des filles par les garçons, le mélange de jeux et de chants à connotation sexuelle avec l'ingurgitation rapide d'alcool, subsistent aujourd'hui et continuent de faire les mêmes ravages. Combien d'étudiant(e)s, pour se sentir intégré(e)s au groupe acceptent sans protester ces ambiances dégradantes ? Tout se passe comme s'il fallait effacer l'innocence de l'enfance au profit d'une forme de prédation brutale, durant le temps des études, afin de préparer dans une certaine forme de débauche le monde professionnel de demain. Il faut se poser la question de notre définition du pouvoir. Est-il compatible avec le respect de l'autre, dans sa différence et sa vulnérabilité ? Est-ce marche ou crève, mange ou fais-toi manger, b***e ou fais-toi b***er ? Il doit exister une autre conception des choses... Pourtant, malgré les projets de loi, les campagnes d'information, la médiatisation de ce sujet, on n'a pas beaucoup évolué en 30 ans et ce que je vivais à 25 ans est probablement assez proche de ce que vivent aujourd'hui les jeunes femmes de cet âge. Il faut regarder ce sujet avec attention et y apporter une réponse qui nous grandisse. Les différents mouvements identifiés par les hashtags, comme #metoo par exemple, auront peut-être cette conséquence positive.

C'est à cette période que j'ai fait la rencontre d'un homme exceptionnel, Michel Marchais, patron de la TAT, compagnie privée de transport aérien. Il m'a contactée pour me tester sur deux immeubles qu'il ne parvenait pas à vendre depuis plusieurs mois. J'ai sans doute bénéficié d'un facteur chance, mais j'ai énormément travaillé et je suis parvenue à trouver des acquéreurs en deux ou trois mois ! Dès ma première année, je réalisai 1 million de francs d'honoraires pour l'agence de Tours. Immédiatement, mon statut changea dans la sphère économique tourangelle et dans ce monde de l'immobilier très masculin, voire macho. Rassuré quant à mes capacités, Michel Marchais me fit confiance et me lança à Tours. J'ai toujours eu beaucoup d'admiration et de respect pour lui, je sais ce que je lui dois, je mesure la chance qu'il m'a offerte en me confiant ses affaires, puis en me recrutant à la CCI de Touraine lorsqu'il en fut élu Président. Il était dans le réseau que j'avais choisi, il m'a tendu la main, il m'a aidée à grandir, puis a toujours soutenu mes choix politiques, je profite de ces lignes pour le remercier car je ne suis pas certaine de l'avoir suffisamment fait par le passé.

Epouse et mère

A l'évidence, le schéma du mariage m'a été plus que largement transmis par mon éducation et mon milieu. Toute mon enfance durant, j'ai été mise en compétition avec mes six cousines du même âge, sur tous les plans. Lorsque nous avons été en âge de nouer des premières relations avec des garçons, la compétition s'est évidemment déplacée sur le champ matrimonial. Dès que l'une des sept cousines évoquait des fiançailles, les six autres étaient immédiatement scrutées jusqu'au fond des yeux car il était inconcevable qu'elles traînent autant à suivre le même chemin. Certaines de mes cousines se sont mariées très tôt, d'autres un peu moins. Focalisée sur les défis de ma carrière, je fus la dernière à convoler en justes noces, à 35 ans. Dieu, que ce fut lourd à porter ! Les cousines arrivaient les unes après les autres, avec leur mari et leurs enfants, tant et si bien qu'à chaque réunion de famille, j'avais droit au même regard triste et à la même question tellement prévisible : « Alors ? Toujours pas de fiancé ? » C'était insupportable. Partout où j'allais, on me servait la même rengaine et je sentais mes parents se désespérer. Nous étions alors à la fin du XXe siècle et je pressens que, là aussi, les choses n'ont pas tant changé que cela. On continue à mettre une immense pression sur les épaules des jeunes femmes pour qu'elles se marient et fassent des enfants, comme s'il n'y avait pas d'autre choix possible ou même souhaitable. La société croit mieux savoir que les femmes ce qui est bon pour elles. Peut-on admettre qu'une femme fasse le choix de sacrifier sa vie familiale pour réussir sa vie professionnelle ? Je le conçois parfaitement, mais je ne suis pas certaine que l'opinion l'accepte. On continue à trouver cela suspect, ou anormal. Les femmes doivent continuer en 2020 à se conformer à une image relativement traditionnelle, les enjoignant de devenir épouse et mère, tandis que les hommes font comme ils veulent.

Peu de temps après avoir été recrutée à la CCI d'Indre-et-Loire, je fus plus ou moins secrètement mise à contribution pour remplacer au pied levé les grévistes de l'hiver 1995 à la Poste. Il s'agissait de permettre aux entreprises de continuer leur activité et leurs envois de colis. Le soir, de manière clandestine, nous nous retrouvions dans des entrepôts dont on ne nous ouvrait la porte qu'après avoir donné le bon code, pour faire ces tris que le mouvement de grève paralysait. Je fus ainsi salariée de la Poste durant un mois ! Très impliquée dans mon travail à la Chambre, active également au sein de la JCE, j'ai fortement développé mon réseau professionnel. Contrairement à tout ce que je pouvais craindre en quittant Paris pour Tours, quelques années auparavant, je m'épanouissais, je me *réinventais*, pour utiliser une expression à la mode. Dans ce tourbillon d'activités, je ne laissais pas beaucoup d'espace à une rencontre amoureuse. Une amie a tenu à jouer les entremetteuses en me présentant un homme dont elle pensait qu'il était fait pour moi... je dois reconnaître qu'elle a vu juste puisque Jean-Michel et moi nous sommes mariés et avons eu deux garçons, Pierre et Louis. Enfin je rentrais dans les cases... quel soulagement pour mon entourage familial ! Je considère vraiment néfaste et insupportable cette pression omniprésente sur les jeunes femmes, dès qu'elles ont atteint la trentaine. Je suis convaincue que nombre d'entre elles finit par obtempérer à la pression sociale pour avoir la paix. On ne devrait pas faire ses choix de vie pour s'acheter de la tranquillité. Il me semble que la tradition des « catherinettes » a quasiment disparu aujourd'hui, mais il doit bien rester quelques entreprises, quelques administrations où l'on coiffe les jeunes femmes célibataires de 25 ans d'un chapeau et où on les pointe littéralement du doigt parce qu'elles ne sont pas mariées...

quelle désolation ! De même, connaissant quelques femmes qui ont fait le choix de ne pas avoir d'enfants, je suis outrée des questions que les gens se permettent de leur poser... Ne peut-on pas respecter les libertés individuelles et les choix de vie de nos concitoyens ?

Bien sûr, il y a dû y avoir dans mon entourage quelques réflexions liées au fait que Jean-Michel soit divorcé mais *j'avais de la chance* qu'il soit plus âgé que moi, plus grand que moi et issu de la même CSP que moi ... car bien sûr, être en couple n'arrange pas tout, il faut aussi que les schémas prévus par la société soient respectés, avec une sorte de position légèrement dominante pour l'homme. Je me suis aussi épargnée bien des commentaires en n'épousant pas quelqu'un d'une autre culture, d'une autre religion ou du même sexe que moi... Au XXIe siècle, en France, le poids des conventions sociales héritées de la morale judéo-chrétienne et de la bourgeoisie du XIXe siècle reste écrasant, particulièrement pour les femmes. C'est navrant car les vrais enjeux de la société actuelle sont bien plus ambitieux et plus importants que cela.

Ayant commencé ma carrière sous mon « nom de jeune fille » (encore une dénomination d'un autre temps), j'ai accolé le nom de mon mari à celui de ma naissance, pour devenir Sophie Briard Auconie. En me lançant en politique, notamment à l'échelle européenne, j'ai écouté (à tort sans doute) les conseils des dirigeants de ma formation de supprimer ce Briard, difficile à prononcer dans d'autres langues et je n'ai plus gardé qu'Auconie. Je ne suis pas certaine qu'on aurait demandé la même chose à un homme... L'attitude qu'on a à l'encontre des femmes n'est absolument pas la même que celle que l'on adopte avec les hommes. On nous impose des obligations et des contraintes liées à notre genre, tellement ancrées dans notre quotidien qu'on finit par les admettre, les considérer comme normales. A la réflexion, elles ne le sont pas. Qu'on s'entende, je n'appelle pas à la guerre des sexes ou à la révolution. Je considère simplement que si on y pense, beaucoup de choses méritent d'être posées à plat, vues objectivement, afin que l'on comprenne bien qu'elles sont inégalitaires et souvent condescendantes vis-à-vis des femmes. Au nom du bien vivre ensemble, nous les femmes concédons un certain nombre de sacrifices personnels ou professionnels qui méritent réflexion.

Pierre est arrivé dans notre couple avant que nous ne soyons mariés, en 1997. Jean-Michel avait déjà deux fils d'une première union, que j'ai essayé d'élever comme mes propres enfants. Pierre était le premier petit-fils de mes parents, le premier neveu de mon frère. Il a été accueilli comme le petit prince. Trois ans plus tard, Louis sera considéré exactement de la même façon ! Dans notre société, on attend de la femme qu'elle devienne mère et de la mère qu'elle soit la nourricière, participant totalement à repeupler la planète, dans la joie et la fierté. C'est sa fonction première, jusqu'à la caricature. Dans la foulée de cette idée, on confie aux femmes tous les métiers de l'attention aux autres, depuis la maternelle jusqu'à l'aide à domicile, considérant que c'est inscrit dans les gènes des femmes. Et puisque tel est le cas, il n'est pas nécessaire de valoriser fortement ces compétences qu'elles n'ont pas besoin d'acquérir. Voici certainement une des raisons pour lesquelles les métiers de la petite enfance, du soin, des services à la personne, sont sous-considérés et sous-payés. On part du principe qu'il n'est pas nécessaire aux femmes de suivre des formations pour embrasser une fonction qui leur est naturelle et ne comporte a priori pas de dimension technique. On ne leur reconnaît donc pas de compétences et on les paye mal. Après tout, elles sont programmées pour ça ! C'est scandaleux. On en trouve une illustration dans le terme sage-femme qu'on hésite désormais à utiliser pour les hommes. On préfère les qualifier de maïeuticiens. Soudain, la dimension instinctive disparaît, au profit d'une compétence technique, couronnée d'un terme savant et grec !

Après la naissance de nos deux garçons, Jean-Michel fit le choix de se réinvestir totalement dans son rôle de père et privilégia sa vie familiale à sa carrière professionnelle de cadre chez Rhône-Poulenc. De mon côté, j'ai traversé une période relativement compliquée, subissant une opération chirurgicale de la colonne vertébrale et l'ablation de la moitié du côlon. Je pus compter sur la présence de ma mère qui vint s'occuper des garçons et soulager quelque peu Jean-Michel dans l'ensemble des tâches domestiques, pendant ma convalescence. Seule femme dans une maison d'hommes, j'ai dû m'adapter et laisser entrer un peu de culture masculine dans mon environnement. Mon mari et nos fils étant très sportifs, j'ai accompagné leur passion et me suis mise au badminton, au squash et à la course à pied.

Désireux de faire découvrir d'autres cultures à nos enfants, nous avons commencé à visiter l'Europe par les capitales. Consciente que nous étions relativement privilégiés, professionnellement, économiquement et socialement, j'ai souhaité que mes enfants mesurent cette chance et soient sensibles aux difficultés des personnes moins favorisées, que ce soit en France ou dans le Monde. Par le biais d'une association, nous sommes partis en 2010 en voyage humanitaire au Burkina-Faso, dans des conditions d'hébergement et de vie quotidienne assez spartiates. Nous y avons découvert des classes de 70 à 80 enfants qui partagent à cinq des bureaux prévus pour deux et où certains élèves étaient assis à même le sol. J'ai conscience que c'est toujours un peu biaisé mais il m'a semblé que ces enfants étaient heureux d'étudier, ils semblaient reconnaissants vis-à-vis de leur instituteur et très impliqués dans leur travail. Ils nous ont reçus avec beaucoup de joie et d'émotion. Je tenais à inculquer à mes enfants le sens du partage et l'idée du don ; ce voyage, bien que court, a modifié notre perception de l'autre et a participé de cette éducation ouverte et consciente que je me suis employée à leur donner.

En 2009, alors que mes fils n'avaient que 12 et 9 ans, j'ai été élue députée européenne. Mon mari a fait le choix de s'occuper des enfants tandis que je passais une partie de la semaine à Bruxelles ou à Strasbourg. Autant dire qu'ils n'ont pas grandi avec un schéma traditionnel stéréotypé du père actif et de la mère au foyer, mais dans une configuration moderne. Mes fils ont vu leur père repasser, cuisiner, faire les courses ou les aider dans leurs devoirs. Ils n'ont absolument pas assimilé par leur éducation ces tâches ménagères au genre féminin et j'en suis ravie pour eux. Je crois fondamentalement que la société doit arrêter de promouvoir un modèle d'un autre temps. L'heure est venue de regarder les femmes pour ce qu'elles sont et non pour ce qu'on leur a demandé de faire pendant des siècles. Je ne dis pas que les hommes et les femmes doivent pouvoir tout faire de la même façon, ce serait absurde, je ne nie pas la différence des sexes, je reconnais leur complémentarité. Certaines valeurs sont le socle de notre société, mais on doit accepter l'idée de les faire évoluer, non pas de les faire disparaître, mais de les transformer pour qu'elles correspondent au monde dans lequel nous vivons.

Ma petite entreprise

Au début de ma carrière professionnelle, je me suis employée à faire mes preuves dans un univers masculin. L'immobilier, comme le monde de la construction et des travaux publics, était éminemment macho à la fin du XXe siècle et je me suis efforcée de ne jamais donner de prise à quelque commentaire sexiste que ce soit. Donner des ordres à des hommes quand on est une femme, jeune de surcroit, n'est pas facile, il faut probablement faire le double de travail d'un homme pour être considérée comme légitime. C'est une expérience éminemment formatrice. J'avais toujours une cote et des bottes dans le coffre de ma voiture, afin de ne pas me retrouver en jupe et talon sur un chantier boueux, ce qui attire inévitablement remarques désobligeantes et quolibets lourdauds. Faire face à toutes les situations, une leçon que j'ai apprise très tôt et que j'ai retenue en politique. Aujourd'hui encore, je veille à ne jamais me trouver prise au dépourvu lors de mes déplacements sur le terrain, visites d'usines, de chantiers ou d'exploitations agricoles. Une femme devient toujours la proie facile des moqueurs et des machos dans ces circonstances.

Recrutée en 1993 par Michel Marchais pour intégrer son équipe dirigeante à la CCI, j'ai passé treize années à donner toute mon énergie pour les entreprises tourangelles. Désireuse de peser davantage face à mes interlocuteurs, je suivis en parallèle les cours de l'Ecole Supérieure de Commerce et de Management de Tours dont je fus diplômée en 2002. Lorsque j'ai commencé à sentir que j'avais fait le tour de la question, j'ai cherché un nouveau projet sur lequel me focaliser. J'ai quitté la CCI après une rupture conventionnelle et j'ai racheté une société d'importations de produits de décoration et d'arts de la table issus du Maghreb. La vogue des tables en mosaïque marocaine et du fer forgé battait son plein, je sentais qu'une aventure passionnante m'attendait là !

L'entreprise ayant pignon sur rue, avec un magasin, Merveilles du Sud, idéalement situé place Jean Jaurès à Tours, je vendais à une clientèle de particuliers et de professionnels de la région (boutiques de décorations, hôtels, salons de coiffure, spa, etc.), intéressés par une ambiance orientale. Je devenais conseillère en décoration, faisais des propositions et créais même des pièces sur mesure pour certains de ces clients. J'adressais ces commandes à une dizaine de fournisseurs basés à Marrakech auxquels je rendais visite tous les deux mois, durant une semaine. Là-bas, je fis la connaissance de Si Ahmed, un chauffeur charmant qui m'apprit quelques rudiments d'arabe et me permit de me faire plus facilement respecter de mes interlocuteurs. Tout l'intérêt pour moi consistait à entretenir le doute sur mon niveau réel de maîtrise de la langue arabe, afin qu'ils ne cherchent pas à s'arranger entre eux devant moi. Arrivant un vendredi, je faisais durant quatre jours le tour des artisans à bord d'une minuscule estafette conduite par le précieux Si Ahmed, avant de préparer le container de 38 tonnes, chargé des produits que j'importais pour le compte de ma société. De 2006 à 2009, je me suis investie corps et âme dans cette petite affaire, Déco en Echos, soutenue et aidée par mon mari, développant les relations commerciales avec les artisans marocains et le chiffre d'affaires.

Durant quatre ans, j'ai vécu le quotidien d'une cheffe d'entreprise, responsable du salaire de ses employés, soucieuse de la satisfaction de ses clients, soumise aux fluctuations de la conjoncture, inquiète pour son activité. On a tendance à considérer que les responsables politiques méconnaissent la vraie vie, et notamment celle des indépendants et des commerçants. Je peux affirmer sans sourciller que c'est un quotidien que je connais et que j'ai vécu dans le plus profond de mon être. J'ai versé des salaires, payé l'URSSAF, des impôts sur les bénéfices, j'ai connu les arrêts de travail, les procédures interminables de l'administration, les incompréhensions des banquiers, j'ai eu un sommeil agité à cause de l'incertitude planant sur mon activité, j'ai passé des heures à clôturer chaque exercice fiscal, le nez dans les bilans et les comptes de résultat, ... Je sais que les indépendants, commerçants et artisans, travaillent comme des fourmis, sans que leur travail leur rapporte toujours ce qu'ils en espèrent. Je sais qu'on ne s'enrichit plus lorsqu'on est simple artisan ou commerçant et je mesure pleinement les difficultés qu'ont vécues un certain nombre d'entre eux, au moment de la crise des Gilets Jaunes ou du confinement lié à la Covid 19. Je connais « la vraie vie » et je crois sincèrement que tous les responsables politiques, voire tous les hauts fonctionnaires de l'Etat, devraient effectuer des stages en PME-PMI. Je me réjouis que le Président de la République porte une réforme en ce sens. Elle pourrait contribuer à faire évoluer les relations entre les acteurs économiques des territoires et la haute administration.

En outre, ces nombreux déplacements et liens professionnels avec le Maroc m'ont « tanné le cuir ». De même que le monde du bâtiment et de l'immobilier m'avait rodée à la confrontation des sexes sur le plan professionnel, le négoce exclusivement avec des hommes dans la zone artisanale de Marrakech m'a armée durablement car, pour utiliser une litote, mes interlocuteurs n'avaient pas toujours une haute opinion de la femme occidentale... Je ne peux évidemment pas taire la surprise qui a été la mienne lorsque je suis retournée au Maroc, dix ans après la fin de mon aventure entrepreneuriale. Rachid, à l'époque mon principal fournisseur de fer forgé, refusa de me serrer la main en m'expliquant que les mentalités avaient changé ! De même, Abdu, un ami sculpteur que je voyais systématiquement lorsque je venais à Marrakech, avait radicalement changé de mode de vie, passant de l'hédonisme à l'intégrisme. Lorsqu'il me reçut chez lui, dans son *dar,* sa ferme atelier, je fus sidérée de découvrir que sa femme (qui portait le voile intégral) y avait été enfermée, le temps qu'il vienne me chercher en ville !

1. René Angevin et Madeleine Richard, mes grands-parents maternels.
2. Mes grands-parents maternels et leurs 11 enfants. Ma maman se situe juste derrière ma grand-mère.
3. Le mariage de mon oncle Gilbert, frère de mon père. Je suis au 1er rang, la 4e en partant de la gauche.

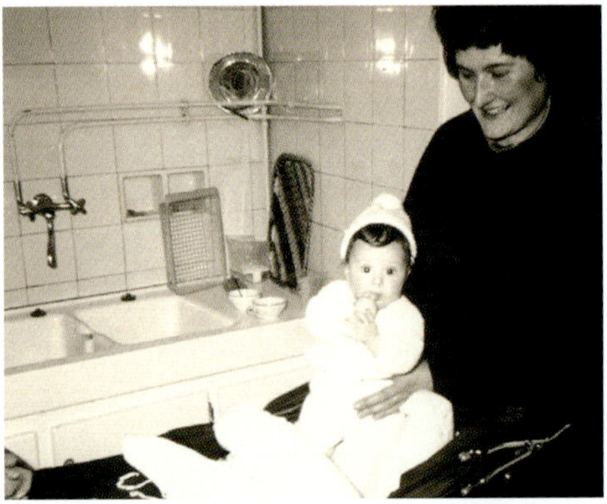

1. Le 17 avril 1963, mes parents se marient aux côtés de ma marraine, Christiane Trescases, à gauche, et de la plus jeune soeur de ma maman, Françoise.
2. Ma maman et moi.
3. A Paris, avec mes parents et la plus jeune soeur de mon papa.

1. J'ai 4 ans.
2. Une de mes premières photos à l'école.
3. Au restaurant avec mes parents, mon frère Jérôme et Monsieur Henri, un grand ami de mes parents.
4. Ma communion, en 1975.

12-10-1988

La permanence téléphonique

Un nouveau métier, une nouvelle entreprise

Sophie Briard a le goût d'entreprendre. A 25 ans, elle vient de créer sa petite entreprise grâce au téléphone. Elle utilise tout simplement le 'renvoi temporaire que proposent les PTT pour gérer depuis son bureau de la rue Gambetta à Montargis, les carnets de rendez-vous de ses clients. Ce sont principalement des médecins, des dentistes, des avocats qui ont une « panne » de secrétaire ou qui trouvent moins coûteux d'avoir recours à Sophie Briard.

Avec elle il est vrai, pas de charges sociales, pas de problèmes de remplacement et une efficacité garantie. Ce n'est pas elle qui le dit, mais sa clientèle ce qui est encore mieux. Elle est de plus en plus nombreuse. Le bouche à oreille fonctionne bien pour Prestel Services. C'est le nom de la petite entreprise que Sophie Briard a créée en avril 87.

QUATRE SERVICES A LA CARTE

Prestel Services, 12, rue Gambetta, à Montargis, tél. 38.93.29.29. Ouvert du lundi au vendredi de 8 heures à 19 heures, et le samedi de 8 heures à 17 heures.

Quatre services à la carte : la permanence téléphonique, le secrétariat dactylographi-

ET AVEC LE SOURIRE !

1. Le premier article de presse me concernant, en 1988. Je viens de créer mon entreprise, Prestel Services.
2. Mon mariage, à Tours, le 2 mai 1998.
3. Arrivée au Conseil municipal de Tours.

1 | 2

1. A l'Elysée, la délégation française LR et UDI.
2. Avec Jean-Pierre Audy et Brice Hortefeux, mes colistiers pour la campagne des Européennes 2009.

1
2

1. Avec mes collègues européens de la Commission des Affaires Economiques et Monétaires du Parlement Européen : Jean-Pierre Gauzes, Jean-Pierre Audy et Rachida Dati.

2. Une soirée à Strasbourg avec mes collègues et amis, députés européens : Marielle Gallo, Pascale Gruny, Maïté Sanchez-Schmid, entourant Max Gallo.

1
2

1. Au parlement Européen, aux côtés de Michel Barnier et Damien Abad, députés européens.
2. Réception de Muhammad Yunus, créateur de la 1e institution de microcrédit au Bangladesh et surnommé "le banquier des pauvres".

1. En hémicycle au Parlement européen.
2. Voeux 2014 avec Rama Yade.
3. Avec Pierre et Louis, mes deux fils.

1

2

1. Parlement Européen Réunion de Femmes au Centre.
2. Daégu 2015 - Conférence avec Son Excellence le Prince de Monaco et ma collaboratrice Lydie Périllat.

1. Conférence pour l'accès à tous à l'eau, Conseil Mondial de l'Eau, Brazilia 2018.
2. Conseil mondial de l'eau, entourée de Soon Tak Lee, coréen et Patrick Lavarde, français.
3. Conseil Mondial de l'eau.

1. Comice agricole de Châteaurenard (45). Discussion avec des agriculteurs.
2. Réunion de l'UDI au siège des Volontaires.
3. Avec Gérard Dubois, mon suppléant.

1

2

1. Accompagnement du Président Emmanuel Macron lors de sa visite du lycée Thérèse Planiol de Loches, dans ma circonscription, mars 2018.
2. Hémicycle de l'Assemblée Nationale 2019.

III. ENTRÉE EN POLITIQUE

Eveil d'une conscience

Très liée à la liberté d'entreprendre, à la méritocratie, je suis également attachée à l'autorité, lorsqu'elle s'exerce avec discernement et humanité, comme le faisait mon père dans son métier de policier. Il est tout à fait certain que sa fibre sociale a fortement déteint sur moi et je me suis assez tôt retrouvée dans les valeurs du Centre. Je pense que mes premiers émois politiques remontent à la campagne présidentielle de 1974 dont j'ai suivi les grands moments avec intérêt, du haut de mes dix ans et demi ! Il faut se rappeler que l'élection présidentielle s'était déroulée dans une certaine précipitation après le décès prématuré de Georges Pompidou. A 47 ans, le Ministre des Finances Giscard, dont personne ne pouvait douter de l'intelligence hors du commun, avait tout pour séduire. En cette journée du 19 mai 1974, deuxième tour des élections présidentielles entre VGE et François Mitterrand, je fis campagne auprès de mes parents pour celui qui me plaisait par sa jeunesse et son élégance. Je l'associais à l'image de ce jeune président des Etats-Unis, mort l'année de ma naissance, JF Kennedy. J'avais le sentiment d'être entendue par mon papa et ma maman en les accompagnant dans leur bureau de vote. A notre retour à la maison, j'ai retrouvé dans les affaires de mon père le bulletin de vote qu'il avait gardé et n'avait donc pas glissé dans l'urne. C'était celui de Valéry Giscard d'Estaing ! Du haut de mes 11 ans, j'ai ressenti une grande déception, comme une forme de trahison... J'imagine que cette expérience représente les prémices de mon engagement pour les valeurs centristes, progressistes, humanistes, européennes et démocrates que portait alors VGE. C'était un Européen convaincu, il savait que la France ne pourrait s'en sortir sans la création de l'Union Européenne et il avait raison. Assez curieusement, Giscard a davantage marqué par ses grandes réformes sociétales, comme l'abaissement de l'âge de la majorité ou la libéralisation de l'IVG, que par sa politique de modernisation économique. Quand on pense qu'il a eu Barre comme Premier Ministre pendant cinq ans, c'est surprenant. Il s'est ensuite quelque peu enlisé dans le pouvoir et une certaine forme de désamour s'est installé entre les Français et lui. Je n'avais pas encore 18 ans lors de l'élection présidentielle de 1981 et je n'ai pas pu voter, mais j'aurais certainement voté pour Valéry Giscard d'Estaing, ce qui n'était pas très populaire parmi les élèves de ma classe. On est très idéologue et très exalté quand on est jeune, et c'est tant mieux. On peut facilement s'enflammer pour des valeurs quelque peu révolutionnaires. Tout cela n'est pas très centriste... Globalement, mes copains de l'époque étaient tous plutôt à gauche et ils ont évidemment été très heureux de l'élection de François Mitterrand. Je me souviens d'un retour en classe assez désagréable le lundi matin car j'étais une des seules partisanes de VGE ! Ce furent pour moi des événements plutôt formateurs car les discussions, les prises de position, les débats, m'ont fortement marquée. Contre les vieux clivages idéologiques, Giscard, Barre et Veil ont incarné ma vision de la politique : constructive, apaisée, moderne. J'ai déjà évoqué Giscard en quelques mots. Barre symbolisait la volonté farouche d'un équilibre budgétaire au plan national. A ma connaissance, il est l'un des seuls à avoir cherché à tout prix à éviter le déficit public de la France, à comprendre que faire peser la dette sur les générations à venir était irresponsable et extrêmement risqué. Raymond Barre considérait à juste titre que l'Etat ne peut pas s'affranchir des lois de gestion auxquelles ménages, entreprises et collectivités locales doivent répondre. Songez que le déficit de la France s'élève aujourd'hui à 2 000 milliards d'Euros, soit 4 fois son budget annuel : une véritable folie ! Quant à Simone Veil, elle est évidemment un exemple extraordinaire pour des générations de femmes et d'hommes politiques, symbolisant par son parcours, son engagement et son action, les luttes sociétales les plus justes du XXe siècle. Ces trois personnalités m'ont envoyé les bons signaux et je les considère comme mes références politiques. Quelques années plus tard, Jean-Louis Borloo constituera également pour moi un modèle pour son double engagement social et environnemental. Si certains considèrent le Centre comme un ventre mou de la politique française, j'estime quant à moi que les figures que je viens de citer, et il y en aurait évidemment d'autres, sont de grands noms de la politique nationale et crédibilisent largement l'ancrage centriste. Je me trouve très chanceuse d'avoir eu l'opportunité de rencontrer ces figures de l'échiquier politique national du XXe siècle. Simone Veil était à nos côtés lors de la création de l'UDI, en septembre 2002. J'ai le souvenir d'une femme, fatiguée certes, mais toujours aussi lumineuse et habitée. Je garderai en moi la force de cette journée, présidée par Jean-Louis Borloo, parrainée par Simone Veil et Valéry Giscard d'Estaing, entourée de plusieurs centaines d'élus galvanisés par les valeurs que nous décidions de porter collectivement.

Grandissant dans la France des années 1970 et 1980, je conserve le souvenir des émissions politiques au cours desquelles des personnages quasi-théâtraux (Georges Marchais ou Jean-Marie Le Pen par exemple) agressaient littéralement leurs interlocuteurs et les journalistes. Je me souviens aussi des grands débats de l'entre-deux-tours entre VGE et François Mitterrand et de leur extraordinaire répartie au moment de crucifier verbalement leur adversaire. La parole politique était rare, il n'y avait ni chaîne d'information en continu, ni réseaux sociaux, bien évidemment, et les candidats n'étaient pas préparés comme ils le sont aujourd'hui, par des experts en communication. Ces émissions politiques étaient suivies avec assiduité par les membres de ma famille qui, comme d'autres sans doute, se retrouvaient à ces occasions, presque comme pour des matches de foot ! S'ensuivaient immanquablement des débats houleux à la maison, comme autant de moments de cohésion familiale et de partage. Le monde n'était pas encore aussi frénétique qu'il l'est devenu. C'était un autre temps, une période qui rend nécessairement nostalgique.

Conseillère municipale

Chargée du développement économique au sein de la CCI d'Indre-et-Loire, j'étais amenée à collaborer avec les élus, maires, conseillers départementaux et régionaux. Je rencontrais ces personnalités (des hommes dans l'immense majorité des cas), sans arrière-pensée. Fraîchement arrivée en Touraine, je n'envisageais absolument pas de me lancer dans le bain politique. Par la JCE, je fus amenée à participer à des commissions de réflexion et à émettre des propositions qui touchaient à la politique territoriale. Ayant tendance à m'engager à fond dans tout ce que je fais, je me fis remarquer par Renaud Donnedieu de Vabres, député UDF de la 1e circonscription d'Indre-et-Loire et futur candidat à la mairie de Tours en 2001, qui me proposa d'intégrer sa liste. Certes, l'engagement dont je faisais preuve et une certaine aisance lorsqu'il s'agit de prendre la parole ont dû lui permettre de m'identifier rapidement. Je ne suis néanmoins pas naïve et il est évident que le fait que je sois une femme a joué en ma faveur. RDDV avait besoin d'équilibre sur sa liste. Mon profil (cadre consulaire, la trentaine, mariée, deux enfants) correspondait parfaitement, j'ai été enrôlée ! Je me souviens que Louis avait à peine un an et que je l'emmenais partout avec moi. Il dormait dans sa poussette tandis que je découvrais les réunions de commissions, les meetings, les rencontres publiques. Me retrouvant en 45e position sur la liste, ayant peu de chances d'être élue, même en cas de victoire, je me suis tout de même investie fortement dans la campagne. Jean Germain réélu, je ne suis évidemment pas entrée au conseil municipal après la défaite de notre candidat. Néanmoins, un déclic se produisit en moi car les valeurs que portait Donnedieu de Vabres et sa personnalité m'avaient convaincue de l'intérêt de l'engagement politique. Renaud se présenta à nouveau aux élections législatives de 2002 et conserva son mandat de député, juste après la réélection de Jacques Chirac qui lui permit d'entrer au gouvernement, en tant que Ministre délégué aux Affaires Européennes. Il ne resta pas longtemps à ce poste, retourna sur les bancs de l'Assemblée Nationale, jusqu'en 2004, lorsqu'il fut nommé Ministre de la Culture et de la Communication. Battu lors des élections législatives de 2007, il perdit son siège de député et fut investi l'année suivante par l'UMP pour être à nouveau candidat à la mairie de Tours, à nouveau contre Jean Germain. Comme sept ans auparavant, il me prit sur sa liste, mais cette fois en 6e position, récompensant le sens de l'engagement dont j'avais fait preuve en 2001 et depuis lors. Hélas, une fois de plus, RDDV s'inclina en finale contre Jean Germain, mais je me suis retrouvée conseillère municipale d'opposition.

La défaite de 2007 avait profondément marqué Renaud Donnedieu de Vabres qui avait perdu de précisément 666 voix et y avait peut-être vu un terrible présage divin, ce nombre étant celui du Diable. Très déprimé par cette deuxième défaite d'affilée, il disparut de la circulation, ne revenant plus que pour quelques conseils municipaux. Privés de notre « patron », nous nous sommes retrouvés plus ou moins livrés à nous-mêmes. Consciente d'être totalement novice en politique, ne me sentant pas totalement la bienvenue puisque je n'étais ni tourangelle d'origine ni issue du sérail, je pris la décision d'adhérer à un parti. Il me semblait important de développer ma légitimité politique et mon savoir-faire, de mieux comprendre les rouages, dans ce mandat qui, de prime abord, m'impressionnait un peu et pour lequel je ne me sentais pas suffisamment capée. Après une sorte d'étude de marché, me sentant clairement centriste, je me suis intéressée au Nouveau Centre que venait de créer Hervé Morin à la suite des élections de 2007, en réaction au ralliement surprise à Ségolène Royal de François Bayrou, Président de l'UDF et troisième homme de la Présidentielle. Approfondissant ma culture politique du territoire, ne me sentant en phase ni avec la droite de Philippe Briand, ni avec la gauche de Jean Germain, j'ai opté facilement pour ce nouveau parti qui portait mes valeurs et dont je connaissais de surcroît quelques membres tourangeaux. Dès ma première campagne, en 2001, et en dépit du petit rôle que je jouais sur la liste, je fus la cible de critiques et de commentaires de la part du nouveau Président de la CCI (Michel Marchais ayant passé la main en 2000) qui considérait que mon activité de cadre consulaire était incompatible avec la politique ! La réalité légale est qu'il est possible en tant que salarié de prendre du temps pour exercer un mandat politique, ce qui permet d'éviter que les élus ne soient que des retraités ou des professions libérales ! Je présume que l'on ne m'aurait sans doute pas fait le même reproche si j'avais été un homme. Du fait sans doute de mes compétences professionnelles, je fus rattachée à la commission développement durable et urbanisme. Pour tout dire, je dois avouer que je suis arrivée en retard à la réunion d'attribution des rôles au sein de l'opposition municipale…

et me suis vue attribuer également la commission des cimetières dont personne ne voulait, bien qu'il s'agisse d'une mission extrêmement importante pour une collectivité. Notre opposition, très marquée dans les premiers temps, s'est émoussée au fil du mandat et du fait de la défection de RDDV. Un certain nombre de mes colistiers se sont ralliés progressivement à la majorité, tandis que certains autres semblaient parfois chercher à se saboter eux-mêmes. Au bout du compte, ce ne fut pas un mandat particulièrement agréable, mais fort instructif.

Au cours de l'année 2008, me rendant au congrès national du Nouveau Centre, je fis la connaissance d'Hervé Morin. M'aurait-il repérée si je n'avais pas été grande et blonde ? Rien n'est moins sûr. Le fait est qu'après nos premières discussions, il m'étiqueta comme « haut potentiel » et me reconnut immédiatement à chaque nouvelle rencontre. Je n'ai jamais compté mon temps et j'ai toujours fait preuve d'investissement et d'efficacité dans tout ce que j'ai entrepris politiquement. J'ai toujours mérité la confiance qu'on m'accordait et souvent dépassé les attentes, mais je demeure convaincue que ce sont avant tout les apparences extérieures et des raisons futiles qui m'ont permis de me rapprocher si rapidement de la direction de notre parti. Je ne peux que le regretter.

Les hommes et le pouvoir

Dès mes premières passes d'armes politiques, j'ai fait l'expérience singulière de l'obsession de certains hommes politiques pour les conquêtes féminines, ce besoin impérieux de séduire tout ce qui bouge. Les faits divers dont la presse s'est fait l'écho, les bruits de couloirs qui me sont revenus régulièrement aux oreilles, quelques scènes dont j'ai personnellement été témoin, m'obligent à reconnaître qu'il y a là un vrai sujet. Sans chercher à dédouaner qui que ce soit, il me semble que la première cause de ces agissements est chimique, que l'accès au pouvoir libère des hormones grisantes. Le pouvoir désinhibe, tout en faisant perdre un peu le sens des réalités. De ce fait, certains hommes, une fois qu'ils y accèdent, agissent vis-à-vis des femmes comme ils le feraient sous l'effet de l'alcool ou d'une drogue. Ils osent tout, sans ménagement, sans barrière morale. Je ne suis pas loin de penser que cet effet opère indépendamment du niveau de pouvoir. Chacun définit inconsciemment le niveau à partir duquel le cocktail va opérer, en fonction de son ambition, de son habitude, de son éducation... exactement de la même façon qu'un grand champion et un sportif amateur peuvent ressentir la même décharge d'endorphines en remportant Roland Garros ou en terminant une course de 10 kilomètres.

Le deuxième problème, qui à mon sens n'est pas des moindres, est que certaines femmes répondent de manière positive à cet appel. C'est probablement hormonal mais également lié, je crois, à une forme de conditionnement éducatif et culturel, qui les pousse à trouver attirant un homme de pouvoir, parce qu'il va être désigné comme tel. Il suffit de se référer au nombre de conquêtes des rois, comme Henri IV ou Louis XIV, qui sans être particulièrement gâtés par la nature avaient les plus belles femmes du royaume dans leur lit. Dans notre société de l'image, l'accès au pouvoir suppose plus qu'hier d'être séduisant, de maîtriser son image, de la parfaire, selon des critères purement subjectifs et liés au goût de l'époque. De ce fait, un certain nombre d'hommes politiques plaisent aux femmes parce qu'ils sont, presque malgré eux, « programmés » pour cela. La politique s'apparente parfois à du théâtre et certains hommes politiques sont évidemment de grands comédiens, maniant le discours, les émotions, capables de tenir un auditoire en haleine pendant des heures. Or, nous sommes tous assez faibles en présence de personnalités connues ou populaires. Nous cherchons malgré nous à retenir leur attention. Il est toujours très appréciable de vivre un petit moment particulier avec quelqu'un que l'on admire, ou que la société nous pousse à admirer. On n'est pas tout à fait soi-même en présence d'une célébrité. On est intimidé, on essaie de plaire et la relation vire insidieusement à la séduction plus ou moins réciproque. Ceci renvoie, aux personnes dites de pouvoir, une image d'elles-mêmes encore plus puissante que la réalité et cela amplifie le phénomène que je décris.

Notre société transforme la notoriété, même éphémère, en valeur, voire en objectif, ce qui induit des comportements particuliers entre personnalités « connues » et anonymes, entre moyennement connus et extrêmement connus, et ainsi de suite. Aussi navrant cela soit-il, le label « vu à la télé » fascine...

Pour certaines raisons éducatives, éminemment discutables, on considère aussi que les hommes savent ce qu'ils veulent, tandis que les femmes seraient indécises. Dire cela, c'est penser que lorsqu'une femme dit non, elle dit peut-être un petit peu oui, même si c'est invraisemblable ! Enfin, il y a la règle morale de sens commun, à laquelle tout le monde obéit, sauf ceux qui ne touchent plus terre. Accéder au pouvoir, c'est avoir droit à un certain nombre de privilèges et s'éloigner de facto de la norme, y compris morale. C'est ce qui fait que certains sont pris de phobie administrative, affirment devant l'Assemblée Nationale qu'ils n'ont jamais eu de compte en Suisse ou se permettent de traiter les femmes comme des objets sexuels... Les hommes et les femmes n'ont pas la même accession au pouvoir. Lorsque l'on confie des responsabilités importantes à une femme, les études montrent qu'elle commence par penser qu'elle ne sera jamais à la hauteur, ce qui l'oblige à redoubler d'efforts. La plupart des hommes reçoivent une promotion comme une juste (voire tardive) récompense de leur mérite et se considèrent ensuite invulnérables. Face à ces deux attitudes presque diamétralement opposées, on comprend que la volonté d'exemplarité soit différente, lorsqu'un homme et une femme exercent le pouvoir.

De manière claire, tant que ces cercles de pouvoir sont traditionnellement masculins, on y considère les femmes comme inévitablement inférieures. On les prend immanquablement pour des secrétaires, des assistantes, des stagiaires, des subalternes, auxquelles on peut se permettre de faire des remarques sur leur physique en prétextant qu'il s'agit de compliments ou de boutades. Que penser des caquètements entendus dans l'hémicycle pendant une prise de parole de Laurence Rossignol, des éclats de rire et des remarques déplacées sur la robe de Cécile Duflot ou du désintérêt qu'un certain nombre de parlementaires affichent ostensiblement lorsque Marlène Schiappa est au micro ? J'en ai moi-même fait l'expérience il y a quelques années. Assise lors d'un déjeuner aux côtés d'un homme politique de premier plan, je fus soudain horrifiée de m'apercevoir qu'il me caressait le genou et la cuisse ! J'ai immédiatement bondi et prétexté des obligations pour aller saluer des gens que je connaissais et m'échapper de ce piège. Une autre fois, lors d'une cérémonie de vœux à l'issue de laquelle le champagne coulait à flot, j'ai très nettement perçu des regards et une proximité déplacés de la part de politiciens connus. Pourquoi n'ai-je pas dénoncé ces agissements publiquement ? Sans doute parce que je ne veux pas associer mon nom à une histoire de cornecul ! Comme énormément de femmes, j'ai préféré faire comme si de rien était, botter en touche pour éviter d'en arriver à une situation plus embarrassante encore, et oublier. Même si Metoo a fait évoluer les mentalités, il continue de se produire énormément de choses hautement condamnables. Les femmes qui dénoncent ces agissements continuent à être déconsidérées, prises pour des affabulatrices, et mises à l'écart. Je comprends très bien ce silence, qui n'est certainement pas complice, des victimes de harcèlement sexuel, même le plus bénin. Sans les cautionner, je comprends que les femmes qui ont subi les avances de prédateurs sexuels, qu'ils soient producteurs hollywoodiens ou hommes politiques français, n'aient rien dit. C'est à la fois trop embarrassant et trop risqué. Il faut que les mentalités changent.

Un décollage vertigineux

C'est à un concours de circonstances que je dois d'avoir été projetée sur le devant de la scène politique en un temps record. Pour les élections européennes de 2009, la Région Centre était associée à l'Auvergne et au Limousin, pour un total de 15 départements. La parité l'imposant, il fallait impérativement une alternance homme / femme sur toutes les listes. La gestion de la crise de 2008 avait conduit le centre-droit à s'allier à l'UMP, en soutien de Nicolas Sarkozy. Cela compliquait encore un peu l'élaboration des listes électorales pour cette élection de mi-mandat, par définition compliquée pour tout parti au pouvoir. Le parti présidentiel devait donc composer avec ses alliés et proposer une sorte de panachage de 12 candidats issus des formations politiques associées, représentatif des différents départements et respectant la parité ! Les règles du jeu étant posées, Jean-Pierre Audy (Corrézien et UMP), étant pressenti pour être tête de liste et Brice Hortefeux (Auvergnat et UMP) numéro 3, il fallait impérativement une femme, de la Région Centre, et d'un parti allié...la partie de *Qui est-ce ?* pouvait commencer ! Assez rapidement, à la faveur de ces règles de parité, de représentations régionales, voire départementales, et d'appartenance politique, l'entonnoir commença à me viser plus clairement... Ma personnalité, mon parcours et mes compétences professionnelles, ainsi sans doute que la bonne impression que j'avais laissée en m'engageant sur deux listes municipales auprès de RDDV, ont ensuite joué en ma faveur. Sans vraiment l'avoir recherché, je cochais toutes les cases ! Bien sûr, la notoriété de certaines grandes figures de la Sarkozie, comme Rachida Dati, Michel Barnier ou Brice Hortefeux, compensait largement mon statut de parfaite inconnue dans le monde politique. Sur le plan départemental toutefois, mon rôle au sein de la JCE et de la CCI, tout comme mon élection au conseil municipal de Tours, avait contribué à mettre quelque peu en lumière mon visage et mon nom. Les hauts stratèges de la campagne européenne ne comptaient pas vraiment sur moi pour faire ce job au niveau national, mais il est certain que sur le terrain, en Indre-et-Loire, ils pouvaient compter sur mon ancrage professionnel et ma bonne réputation.

J'étais donc chez moi, en train de boire mon café matinal dans le jardin par un beau dimanche ensoleillé de l'hiver 2008, lorsque mon portable sonna. Au bout du fil, le cabinet du Ministre de la Défense ! Hervé Morin, que j'avais déjà eu l'occasion de croiser quelques fois, m'expliqua les principes qui avaient fait émerger mon nom pour figurer en 2e position sur la liste de coalition emmenée par l'UMP ! Reprenant mes esprits après cet appel quelque peu inattendu, j'ai consulté mon mari, ma famille, quelques amis, avant de décliner cette proposition qui me semblait démesurée et nécessitant une adaptation de vie très complexe. Le dimanche suivant, Hervé Morin me rappela pour insister, arguant du fait que ce type de propositions ne se refusait pas et qu'il était hautement improbable que notre liste remporte deux des cinq sièges de l'euro-circonscription, les électeurs ayant tendance à sanctionner le parti au pouvoir lors des votes intermédiaires. Convaincue par ses arguments, j'ai accepté la proposition. Dès lors, tout s'est emballé car nous étions presque à la limite des délais impartis pour déposer les listes. Après avoir rempli et fourni une quantité de documents et réalisé plusieurs séances photos, après avoir assisté aux séminaires de liste et ingurgité les notes de préparations conçues par les têtes pensantes de l'UMP, je me suis lancée dans la campagne comme un taureau dans l'arène. A un rythme échevelé, nous avons traversé les 3 régions en long, en large et en travers, multipliant les meetings : un jour à Brive, le lendemain à Chartres, puis Tours, Guéret... N'ayant pas tellement anticipé ma participation active dans cette campagne, étant assez inconnue dans la plupart des déplacements que nous faisions, je dois bien avouer que je fus plutôt mise en second plan derrière les poids lourds (François Fillon ou Xavier Bertrand par exemple) qui menaient la campagne sur le plan national. Sans faire de figuration pour autant, je m'effaçais derrière leurs discours.

Mon grand-père disait de moi que j'étais plutôt dégourdie. Lors des réunions de famille, quand j'étais enfant, c'était toujours moi qui montais sur la table pour chanter *La Paloma* ou danser avec des adultes. Je n'ai jamais fait de théâtre de ma vie, mais j'ai toujours été plutôt volubile et la timidité ne m'a jamais trop paralysée. Le fait de me retrouver sur une scène devant un public, de devoir prendre la parole pour défendre des valeurs que je porte depuis toujours ne m'a pas semblé insurmontable. Evidemment, je me suis posé des questions, je me suis demandé si j'allais y arriver, si je parviendrais à être à la hauteur des enjeux. Cela m'a valu de ne pas m'endormir sereinement et de me réveiller très tôt pendant plusieurs semaines ! J'ai observé, j'ai appris, j'ai progressé et j'ai fini par m'imposer, y compris au sein de ce camp dont j'étais la moins chevronnée. Depuis cette période lointaine, j'ai eu l'occasion de suivre des formations de participation aux débats et, lorsque je me revois en vidéo à l'époque, je m'aperçois que je ne suis pas armée comme il faut. L'expérience a forgé la femme politique que je suis devenue. Néanmoins, en 2009, lorsqu'il s'agissait de tenir une réunion publique en Indre-et-Loire, dans le Loiret, terre de ma famille, ou en Corrèze dont est originaire ma belle-famille, je convoquais le ban et l'arrière-ban, une plus grande partie du public était acquise à ma cause et cela me galvanisait. Mes colistiers s'en sont rendu compte et, au fil de la campagne, je suis passé de l'ombre à un peu de lumière. Certes, me retrouver placardée sur les panneaux, identifiable à dix mètres du fait de ma masse capillaire, surtout au milieu d'hommes moins chevelus, m'a un peu troublée. Du jour au lendemain, les gens me reconnaissaient, me saluaient. J'avais droit à certains égards, dans des endroits où je n'avais jusqu'alors jamais mis les pieds. Cette soudaine starification n'est pas tout à fait normale, mais prise dans la spirale vertigineuse de la campagne, dans ce rythme effréné, je n'ai pas réellement pris le temps d'y réfléchir à l'époque. Brice Hortefeux étant alors Ministre du Travail et des Relations sociales, partout où nous allions, nous étions accueillis par des manifestants de la CGT et quelques militants d'extrême gauche que ses deux ans au Ministère de l'Immigration n'avaient pas totalement convaincus... Cela ajoutait à la dimension survoltée de cette campagne et m'empêchait très sincèrement de me prendre le pouls pour savoir si tout ceci était bien normal. Le nez dans le guidon, je n'avais qu'une idée en tête : donner le meilleur de moi-même afin d'être à la hauteur de la mission qu'on me confiait. On était venu me chercher parce que j'étais une femme. A aucun moment durant cette campagne de 2009, ma féminité ne m'a été reprochée. Jamais on ne m'a demandé de changer ceci ou cela dans ma façon de m'habiller, de me coiffer (et il y a pourtant matière à débat) ou de me maquiller. Tout juste veillait-on à ce que les couleurs de nos tenues respectives ne jurent pas. On ne m'a pas beaucoup considérée car j'étais une novice de la politique, entourée de premiers rôles – j'étais le quota féminin

Nouveau Centre de l'Indre-et-Loire – mais je n'ai pas eu à subir de railleries sexistes.

Contre toute attente, cette campagne fut un succès pour le parti présidentiel, bénéficiant sans doute de sa dimension rassurante en période de crise internationale. La droite présidentielle avait 17 députés européens lors de la mandature précédente. Prouvant bien que l'union est la meilleure stratégie politique, notre coalition obtint 30 sièges, dont 20 pour l'UMP, le Nouveau-Centre en décrochant 3 parmi les 10 autres. Enorme ! L'attribution des sièges se faisant à la proportionnelle, il fallut attendre la fin de la soirée électorale pour découvrir que nous avions bien remporté 3 sièges sur les 5 possibles. Troisième de notre liste, élu à Bruxelles, Brice Hortefeux a failli devoir démissionner de son Ministère du Travail. Quant à moi, je fus évidemment assaillie par le vertige d'un choix cornélien. Comment concilier cette aventure extraordinaire avec mon rôle de maman de deux enfants encore relativement petits (12 et 9 ans), d'épouse d'un homme au sommet de sa carrière ? Jean-Michel et moi avons eu une longue et magnifique conversation au cours de laquelle il sut me rassurer quant à la solidité de notre cellule familiale, à l'exceptionnelle opportunité que représentait cette élection et au souhait qui était le sien que je m'épanouisse dans cette nouvelle phase de ma vie. Allant au bout de sa logique, il accepta de faire passer sa carrière au second plan et de jouer le père au foyer, pour continuer à élever nos deux fils. Que ces lignes me permettent de rendre hommage à sa vision moderne du couple et de le remercier.

Le lendemain matin de l'élection, tandis que, désireuse de continuer à vivre normalement, je déposais mes enfants à l'école, après avoir fêté ma victoire, une partie de la nuit, je reçus un coup de fil du secrétariat de l'Elysée. Le Président de la République souhaitait me recevoir, avec les autres députés UMP et associés fraîchement élus, pour un temps convivial l'après-midi même ! Il s'agissait surtout de nous inciter fortement à rejoindre les rangs du Groupe parlementaire du Parti Populaire Européen (PPE), plutôt que ceux du parti centriste ADLE. Nous étions 3 députés issus du Nouveau Centre :

Jean-Marie Cavada (déjà député européen lors du mandat précédent), Damien Abad et moi. Avant la réception, je reçus un appel du cabinet d'Hervé Morin qui souhaitait discuter, dans son bureau, de nos décisions... Comme mon ami Damien Abad, j'avais l'intention d'être loyale vis-à-vis de l'UMP qui m'avait fait élire et j'en fis part à Hervé Morin qui en informa sans doute l'Elysée dans la foulée. Cavada, quant à lui, souhaitait rester fidèle à ses amis centristes et pensait retrouver le Groupe ADLE. Quittant le Ministère de la Défense, je me rendis au palais de l'Elysée, très impressionnée au moment d'en franchir la grille dans ma petite voiture, ne pouvant m'empêcher de penser à mes parents et mes grands-parents. Je traversai ensuite la cour en gravillons et montai les marches dans l'indifférence totale du parterre de journalistes et de photographes présents sur place. Le contraste avec l'arrivée de Rachida Dati quelques minutes plus tard sera particulièrement saisissant ! Nicolas Sarkozy, tout sourire, m'accueillit d'un très chaleureux « Bonjour Sophie », avant de glisser « Je devrais plutôt t'appeler Désirée car tu as pris beaucoup de temps pour te décider à accepter la mandature pour les élections et, à cause de toi, nous avons déposé nos listes très tard ! Mais tu as fait une très belle campagne et je te félicite pour cette élection ! » Je fus extrêmement surprise de découvrir qu'il savait tout de moi. Je découvris un homme extrêmement chaleureux, presque familier avec moi, mais dégageant énormément d'énergie et de charisme. Sa prise de parole par la suite, devant nous tous, m'impressionna beaucoup car elle avait tout d'un passage en revue des troupes par Napoléon à Austerlitz. Il en appela à notre sens des responsabilités et nous demanda de rejoindre le groupe de la majorité... ce que nous fîmes tous trois comme un seul homme, Cavada compris ! L'autorité naturelle de Sarkozy, cette main de fer dans un gant de velours, m'a grandement impressionnée et ce fut une de mes premières grandes leçons politiques. Bien sûr, dans le décorum extraordinairement monarchique du palais de l'Elysée, c'était particulièrement saisissant.

IV. 2009 : DÉPUTÉE EUROPÉENNE

L'intérêt général et la somme des intérêts particuliers

Si les élections européennes ont bien lieu au même moment dans chacun des 27 pays de l'Union Européenne, il n'y a que les Français pour leur donner à ce point une dimension nationale et créer une forme d'instabilité dans la représentation de leur pays. Les Allemands veillent à équilibrer le savoir-faire des anciens et la capacité d'innovation des nouveaux députés et confient à leurs députés trois ou quatre mandats pour une politique constructive et visionnaire. De notre côté du Rhin, nous envoyons à Bruxelles les perdants des élections nationales, les ministres sortants, les soutiens à qui il faut renvoyer l'ascenseur, nous recyclons les vaincus, le temps qu'ils se fassent oublier et reviennent auréolés d'une virginité retrouvée. Nous considérons finalement le Parlement Européen comme un purgatoire pour les losers ou un os à ronger pour les ambitieux. Inévitablement, l'engagement qui en découle s'en ressent.

Dans ce climat général de stabilité, porté par les pays nordiques et saxons, on observe depuis une quinzaine d'années la montée en puissance d'eurosceptiques et de partis d'extrême-droite, dans tous les pays. J'y vois à l'évidence la fragilisation de l'esprit collectif des pères de l'Europe, mis à mal par une forme de « court-termisme » égoïste. Depuis toujours, je considère que l'Europe n'est pas, pour nous Français, une option, mais plutôt une nécessité vitale. Alors, bien sûr, je ne parle pas de cette Europe actuelle qui n'est que normes, contraintes et sanctions, cette Europe qui n'est, en réalité, que l'addition de 27 égoïsmes nationaux, alors qu'elle devrait être la réunion de forces individuelles pour représenter un bloc puissant dans les négociations mondiales. Après des conflits dramatiques qui ont laissé le continent exsangue, l'Union Européenne est née de la volonté des chefs d'Etats et de gouvernements de se réconcilier par des échanges commerciaux, marchands et économiques. Depuis 70 ans, ils ont construit, ensemble, un espace de paix et de liberté sans précédent, sans équivalent. L'Europe progresse aujourd'hui avec des lois européennes efficaces mais elle s'arrête au seuil des politiques communes : politique migratoire, étrangère, de sécurité intérieure et extérieure, fiscale et sociale, de développement de technologies nouvelles, d'innovation, de programme spatial... Les chefs d'Etats et de gouvernements rêvent de la mise en œuvre de ces politiques communes, cadre d'une véritable puissance européenne face à leurs partenaires ou concurrents puissants, comme l'Amérique du Nord, l'Asie ou la Russie. Mais, dans les faits, ils considèrent que ces politiques doivent rester d'initiative nationale et refusent le transfert de compétences. Par ailleurs, les Etats-membres allouent au budget européen 1% de leur PIB, ce qui semble très incohérent si l'on compare les ambitions clairement publiées lors des Conseils européens (qui réunissent ces chefs d'Etats) et les moyens qui y sont affectés. En particulier, l'Europe aurait évidemment dû se saisir de la question sanitaire dans la gestion de crise de la Covid-19 et montrer une volonté forte de faire un front commun. Au lieu de ça, on a laissé chaque pays s'organiser avec ses propres moyens, ses frontières, son système hospitalier, ses masques et son gel hydro-alcoolique.

De même, la transition écologique et énergétique mérite un débat européen, une politique environnementale commune devrait être l'objectif majeur de l'Union Européenne. On le sait, le 10 mai, l'Europe atteint le « jour de dépassement des ressources ». Si le monde entier vivait comme les Européens, nous aurions déjà consommé à cette date l'ensemble des ressources naturelles que la planète peut produire en un an. Autrement dit, nous vivons à crédit et le déficit écologique est de l'ordre de 200% chaque année. Nous épuisons et polluons les sols, les rivières, les mers et les océans, les forêts... et des milliers d'espèces, faune et flore, disparaissent. Une politique environnementale ambitieuse, concertée et engagée permettrait de réduire l'impact de l'Homme sur la Nature. Dans ce domaine également, le dérèglement climatique devrait être un sujet essentiel porté par le Conseil européen. En effet, outre les conséquences sur notre planète qui amplifient les problèmes exposés plus haut, et l'augmentation du niveau des mers et océans, les catastrophes naturelles seront de plus en plus fréquentes dans les régions où la précarité des conditions de vie des habitants est déjà grande. Très bientôt, des millions d'êtres humains vulnérables seront contraints de fuir leurs terres. Le Pape François l'indiquait : « déjà les limites maximales d'exploitation de la planète ont été dépassées, sans que nous ayons résolu le problème de la pauvreté ! » Ce flux de migration climatique sera le plus important jamais vécu par notre planète. L'Europe devrait impérativement se saisir de ce sujet majeur. Les chefs d'Etats ont su mobiliser 200 milliards d'euros en 2008 pour sauver le système bancaire européen. Ils doivent aujourd'hui démontrer la même ambition pour sauver la planète et tous ses habitants.

Hélas, ils ont tendance à agir à court-terme, à vouloir garder la main sur certaines prérogatives (comme la Défense ou la fiscalité), donner la priorité à leur électorat et à viser la réélection, dès le mi-mandat. Cela ne va pas dans le bon sens. Il me semble aussi qu'il serait préférable que les Commissaires Européens émanant des pays soient élus par le peuple, plutôt que nommés par le fait du prince. Tout cela nécessite davantage de démocratie. On a l'Europe qu'on mérite et je suis absolument certaine que nous méritons mieux. L'Europe est une formidable création dont nous avons besoin, mais pas cette Europe-là. Pas celle des égoïsmes nationaux, pas celle des normes administratives surréalistes. Il faut revenir à la vision de Schumann et Monnet. J'appelle de mes vœux une politique commune dans les domaines du social, de l'environnement, de la sécurité et de la défense. La fiscalité également devrait faire partie des compétences européennes, afin d'éviter le dumping social incroyable auquel on assiste. Comment justifier qu'au sein de l'Union Européenne, des entreprises américaines puissent s'implanter dans certains pays-membres pour payer le moins d'impôts possible? Comment expliquer l'incitation fiscale incroyablement généreuse faite aux retraités français par le Portugal ?

Au cœur de la crise sanitaire, en plein réchauffement climatique, à la veille d'une immense crise socio-économique, conséquence inévitable de la Covid-19, nous avons besoin de hauteur de vue, d'humanisme et de solidarité. Je veux croire que malgré des différences partisanes, une hiérarchie différente des priorités, nous avons tous envie et besoin d'une Europe qui accompagne et qui incite, plus qu'elle ne contraint et sanctionne.

5 années au service de l'Europe

Arrivée n°2 de la liste de l'Eurorégion Centre-Limousin-Auvergne en raison d'un heureux concours de circonstances (et d'une réputation de grosse bosseuse), je me retrouvai donc députée européenne. Bien que novice en politique, je savais que l'on m'attendait au tournant et que je n'avais pas le droit à l'échec. La moindre maladresse, le moindre faux-pas, serait immédiatement et inévitablement mis sur le compte de mon inexpérience et de ma féminité.

Plusieurs années après, je conserve le souvenir du sentiment vertigineux qui m'assaillit en devenant députée européenne. Elue le 25 mai 2009, je fus véritablement installée le 14 juillet, après de longues démarches et déclarations, validées par les services juridiques du Parlement. De manière très directe et très évidente, une des premières choses qui frappe chaque nouvel élu, me semble-t-il, est l'immensité des lieux et la foule grouillante qui y travaille. Une véritable ruche. Aux 754 députés issus des différents pays s'ajoutent le double (voire le triple) d'assistants ou collaborateurs rattachés, les Commissaires, tout le personnel administratif de la Commission Européenne, les fonctionnaires de différents services, les interprètes, les correspondants de presse de chaque pays, etc. Bref, des milliers de personnes issues des 27 pays de l'Union Européenne, présentant une incroyable diversité de cultures, d'âges et de profils socioprofessionnels.

Au sein de l'hémicycle, nous sommes répartis par groupes parlementaires, puis par ordre alphabétique. Moi, la novice provinciale encore toute surprise d'avoir été élue, je me retrouvai assise aux côtés d'un ancien ministre hongrois. Quelques années plus tard, lors d'un congrès en Corée auquel j'assistais en tant que Gouverneure au Conseil Mondial de l'Eau, à peine arrivée dans le bâtiment où devaient se tenir nos réunions, je remarquai l'agitation d'un de mes collègues. Lorsque je lui demandai quelle était la cause de toute cette fébrilité, il me fit savoir qu'il attendait le Président de la République hongroise. Ce dernier arriva exactement à ce moment-là et, à la très grande surprise de ce collègue qui piaffait, sitôt sorti de son immense limousine, il se précipita vers moi, m'appela par mon prénom et me donna une chaleureuse accolade !

Pour en revenir au Parlement Européen, je crois que c'est cette grande diversité d'origines, de parcours et de personnalités qui me frappa et me plut instantanément. J'avais sous les yeux une réelle incarnation du projet européen dont je comprends qu'il puisse paraître très lointain à ceux qui n'ont pas l'occasion de rencontrer autant de différences et de richesses humaines. A Bruxelles, le moindre trajet en ascenseur vous plonge dans une ambiance polyglotte. A longueur de journée, vous entendez des gens parler en tchèque, en roumain, en portugais, en letton, en allemand et surtout en anglais avec tous les accents possibles ... c'est absolument fabuleux ! Naturellement, toutes les salles de réunions et l'hémicycle sont équipés de cabines de traducteurs qui entourent les pièces, formant comme une ceinture de petits aquariums. A l'intérieur, deux ou trois interprètes se relaient pour traduire simultanément toutes les prises de paroles. Devant chaque député, un casque et une console avec la totalité des canaux disponibles, soit une vingtaine de langues. Par erreur ou distraction, il m'est arrivé quelques fois de tomber sur le canal maltais ou lituanien, ce sont des langues très complexes pour un francophone ou un anglophone, dont il est parfaitement impossible de comprendre la moindre phrase !

De manière assez naturelle et amusante à observer, chaque député se retrouve plongé au cœur de cette ruche et y devient une abeille ouvrière de base. A quelques exceptions près, la notoriété, ou la popularité, que les uns ou les autres peuvent avoir dans leur pays d'origine est là-bas totalement noyée dans la masse. Elus en même temps que moi, Rachida Dati ou Brice Hortefeux, bons clients de la presse française, étaient à Bruxelles de parfaits inconnus pour la plupart des députés européens et des journalistes étrangers présents sur place, les médias français ne couvrant que très peu l'actualité du Parlement européen. De ce point de vue, le mandat européen est, pour certains, une véritable diète médiatique, voire un purgatoire lorsqu'ils se sont trop habitués aux feux des projecteurs hexagonaux. Paradoxalement, les Suisses ou les Norvégiens envoient des délégations de journalistes assez conséquentes à Bruxelles alors que leurs pays ne sont pas membres de l'UE. En France, ce qui corrobore ce que j'indiquai plus tôt, l'Europe n'est pas vraiment un sujet d'intérêt. En devenant député européen, Jean Arthuis qui avait été Ministre du Budget affirmait vouloir redonner de l'écho à l'Europe en France, il a disparu des écrans ! A l'inverse, d'autres qui se disent privés de tribune médiatique en France (vieux refrain éculé), utilisent le Parlement Européen comme une scène de théâtre pour y faire des esclandres, espérant par ricochet que l'on parlera un peu d'eux dans les journaux télévisés français. La famille Le Pen l'a bien compris.

Jeune députée, je fus intégrée à la Commission sur le Développement Régional (intitulée REGI), chargée de la cohésion sociale entre les territoires. Son objectif à long terme est de permettre un équilibre entre les Etats-membres en termes de développement territorial, d'accès aux équipements et infrastructures pour arriver un jour à l'équilibre des pouvoirs d'achat. Pour ce faire, elle octroie des enveloppes budgétaires à certains secteurs, afin d'améliorer les conditions de vie dans les territoires. Titulaire au sein de cette commission, j'ai particulièrement œuvré pour l'accès à tous à l'assainissement de l'eau, en augmentant parallèlement les contraintes contre le rejet d'eaux polluées dans les rivières. Les financements européens permettent de mettre en place de telles politiques ambitieuses, parfois trop coûteuses pour les régions, voire pour certains pays. L'accès à l'eau potable concerne 99,6% de la population française, mais c'est loin d'être le cas ailleurs en Europe. Il s'agit donc d'accompagner les changements, en rendant le quotidien des citoyens plus « vert ». Cette Commission subventionne ainsi les entreprises qui décident de s'équiper en machines permettant des économies d'énergie ou utilisant des énergies renouvelables. A l'heure où j'écris ces lignes, je travaille, en tant que députée française, sur le développement de la ligne ferroviaire à hydrogène Tours-Loches. Elle sera rendue possible en partie grâce à une subvention européenne, liée à cette commission.

Lorsque l'on est député, il est requis de faire partie d'une première Commission en tant que titulaire et d'une deuxième en tant que suppléant. A la demande de Michel Barnier, référent de notre délégation et futur Commissaire Européen sur ce thème, j'ai intégré en parallèle la Commission Economique et Financière, comme suppléante. La toute récente crise de 2008 nous donna du grain à moudre et nous avons œuvré au plan de sauvetage des banques, afin de garantir leurs fonds propres, de limiter leurs capacités à prendre des risques d'investissements démesurés. Ces manœuvres risquées et juteuses ne sont pas et ne doivent pas être leur cœur de métier. Ce que nous demandons aux banques, c'est qu'elles accompagnent les entreprises dans leurs investissements et les ménages dans leur vie quotidienne et leurs projets immobiliers. L'essentiel de notre travail a donc consisté à définir des mesures d'encadrement visant à limiter les activités purement spéculatives et risquées des banques afin de les réorienter vers le financement de l'économie réelle. Bien que suppléante, j'ai travaillé comme rapporteure sur un texte concernant le financement de l'économie sociale et solidaire qui, à ma grande satisfaction, a été adopté.

Désireuse de travailler sur les problématiques du développement durable, je ne suis pas restée très longtemps dans cette Commission pour le Développement Régional et je suis passée à la Commission pour le Développement Durable, l'Environnement, la Santé Publique et la Sécurité Alimentaire. Sur chaque thématique, des députés rédigent des rapports, secondés par les collaborateurs qui, s'ils sont votés dans l'hémicycle, sont acceptés sous forme de règlements ou de directives. Les règlements s'imposent aux Etats-membres et deviennent donc contraignants, par-delà les règlements nationaux. Ainsi, la PAC s'impose à la France. Ce n'est pas le cas des directives qui ne visent qu'à encadrer les pratiques de chaque pays après avoir été transposées, en fonction des lois déjà en vigueur. C'est donc plus souple, voire discutable car très interprétable. Impliquée dans cette Commission, je fus nommée rapporteure d'un texte sur l'étiquetage de la viande bovine et l'immatriculation électronique des bovins. Bien qu'issue du monde agricole, je n'y connaissais pas grand-chose, mais ma capacité de travail et une bonne entente avec Bruno Le Maire, alors

Ministre de l'Agriculture française, et ses collaborateurs, devaient faire la différence. Désignée rapporteure un jeudi soir, j'eus la surprise de découvrir le scandale des lasagnes à la viande chevaline en ouvrant la presse du lendemain ! Cela créa évidemment quelques remous autour du travail qui nous attendait mais je suis allée au bout, j'ai mené les débats, j'ai argumenté, et j'ai porté le texte, devant les députés européens français, tous partis confondus, puis devant mon groupe parlementaire européen. Cela me conduisit à me rendre sur le terrain, visiter des abattoirs dans différents pays, rencontrer des professionnels de la filière viande, ... pour connaître et comprendre les différentes sensibilités. Ce fut passionnant, mais extrêmement technique et complexe. A ma grande satisfaction, le texte est passé. Pour ce qui concerne la santé publique, et notamment la lutte contre le tabac, nous avons mis en œuvre la politique du paquet neutre, sans identité graphique publicitaire, agrémenté des textes et photos anxiogènes que nous connaissons aujourd'hui. Là encore, et je ne peux que me réjouir, il semble que cela fonctionne, pour la réduction de la consommation de tabac.

Contrairement à l'idée reçue, les Français sont plutôt de bons élèves en matière de développement durable. Ainsi, sur la question cruciale de l'eau, nous faisons figure de modèle pour les autres pays européens. Sans aucun doute, la question la plus complexe actuellement est celle du choix de l'énergie. La France a fait le choix du nucléaire, énergie totalement décarbonée, mais risquée et posant l'épineuse question de la gestion des déchets. L'Allemagne a décidé de rejeter le nucléaire, mais rouvre des centrales à charbon, une solution polluante et évidemment court-termiste. Reste évidemment la solution, préférable aux autres, des énergies renouvelables. Mon sentiment est évidemment que la France doit s'engager dans cette voie, en développant totalement la filière industrielle correspondante. Dans le contexte économique actuel, il me paraît absurde et dangereux de subventionner l'éolien terrestre si nous ne sommes pas capables de produire des éoliennes en France. Nous devons développer fortement cette filière, créer de l'emploi et créer de la richesse sur notre territoire. Le savoir-faire est là ! Nous devons nous réapproprier notre outil industriel et injecter dans la production française les aides qui servent aujourd'hui à importer des éoliennes ou des panneaux photovoltaïques produits dans d'autres pays, voire d'autres continents. Ce faisant, nous participons à déséquilibrer notre balance commerciale. Nous devons aussi développer le partage de l'énergie solaire. Je fus sidérée de découvrir que l'entreprise Lidl, qui équipe les toits de tous ses supermarchés et entrepôts de panneaux solaires afin de créer l'énergie nécessaire à son propre fonctionnement, cherchait à augmenter sa capacité de production d'électricité photovoltaïque pour la revendre. Les taxes en place pour protéger le monopole d'Enedis l'en dissuadent. Voici comment nous continuons à opposer économie et écologie alors qu'il est évident que les deux peuvent aller de pair. Nous devons évoluer pour faire en sorte que la perception des priorités écologiques ne soit plus exclusivement punitive et coûteuse, mais devienne incitative.

Comme beaucoup de Français, particulièrement des jeunes générations, j'ai toujours été sensible aux problématiques liées à l'environnement et à l'écologie. Au sein de mon propre mouvement politique, l'un de mes principaux mentors fut Jean-Louis Borloo qui mit en œuvre le Grenelle de l'Environnement. Je n'avais jusqu'alors pas eu véritablement l'occasion d'œuvrer moi-même sur ces sujets majeurs. Plonger au cœur de ces différentes problématiques, voyager dans les pays de l'Union pour y rencontrer les responsables des agences européennes, chercher des solutions pour améliorer la vie de tous les Européens m'a passionnée. Je me suis investie totalement, sans compter mon temps, fidèle à ma réputation de bosseuse. Il est absolument certain qu'un deuxième mandat m'aurait permis de mettre à profit l'expérience acquise durant ces cinq années, mais le sort et les urnes en ont décidé autrement. De manière générale, s'il est évident que le travail des parlementaires européens se veut constructif et dans le souci de l'intérêt global, on ne peut que regretter cette opposition entre le temps long nécessaire pour concevoir les politiques de demain et le temps court des calendriers électoraux. A cet égard, la mentalité française est peut-être à questionner. Je crois que, par ce que nous en apprenons dans la scolarité et par ce que nous en percevons dans les médias, nous concevons (et de plus en plus) l'acte électoral comme une sanction vis-à-vis de ceux qui viennent d'exercer le pouvoir. Les Allemands dont j'ai déjà évoqué l'exemple ont, il me semble, une approche qui se veut plus constructive, la longévité de leurs différents chanceliers (Kohl, Schröder, Merkel...) en est une preuve. Lorsque l'on se projette sur le temps électoral court, le bulletin de vote devient un moyen de « dégager » les représentants du peuple. Malheureusement, la conséquence directe de ce mode de fonctionnement est que l'on donne les clés du pouvoir à la fonction publique, plutôt qu'aux élus car les gouvernements passent et les fonctionnaires d'Etat restent...La production législative actuelle est conséquente et plutôt à l'échelle du réglementaire, ce qui me semble détourner l'intérêt du Parlement et participer à l'organisation d'une véritable monarchie technocratique.

Au sein du Parlement européen, ma priorité était clairement d'être légitime aux yeux de mes collègues, ce qui supposait évidemment de travailler d'arrache-pied. Je me suis immédiatement attelée à la tâche en mettant toute ma capacité de travail au service de ce mandat, espérant bien pouvoir poursuivre mon action dans la durée, en étant réélue. De nombreux chantiers me passionnaient et je souhaitais m'engager pleinement dans plusieurs d'entre eux, ceux que j'ai déjà évoqués, mais aussi la question du sport, devenu compétence européenne en 2009. J'ai toujours été convaincue des bienfaits du sport et persuadée qu'il s'agissait d'une question de santé publique, mais aussi économique (2% du PIB européen). Développer la pratique du sport dans la population adulte permettrait certainement d'avoir des citoyens en meilleure santé, de diminuer la consommation d'anxiolytiques et de réduire les risques de développer un grand nombre de maladies liées à une trop forte sédentarité. C'est la raison pour laquelle j'ai créé et présidé le groupe Fans of Sports avec des collègues européens. Tout cela nécessite du temps long et j'aurais eu besoin d'un deuxième, voire d'un troisième mandat, pour développer ces idées. De fait, à ma grande déception, ce club a fini par péricliter par manque de relais...

Le Conseil Mondial de l'Eau

La planète que nous allons rendre à nos enfants n'aura jamais été autant polluée que depuis les 40 dernières années. Cette pollution de l'air, de l'eau, des sols, de même que les pollutions visuelle, phonique et lumineuse, et la nécessaire sauvegarde de l'environnement constituent évidemment pour moi des préoccupations majeures. Nous avons collectivement pu mesurer à quel point la période de confinement à laquelle se sont soumis tous les pays du globe, les uns après les autres, avait permis à la nature, comme à la vie animale ou végétale, de reprendre ses droits. Lorsque les activités humaines sont à l'arrêt, quand l'homme est mis à l'écart, c'est tout notre environnement qui en bénéficie. Nous ne pouvons pas continuer ainsi à être les ennemis, les prédateurs, de la nature. Mon engagement au sein de la Commission pour le Développement Durable allait évidemment dans ce sens. Il y aura une vie après le pétrole, le lithium ou tous ces minerais que nous exploitons. La technologie nous le permettra. Mais il n'y aura pas de vie après l'eau. C'est la ressource universelle, indispensable à la vie, dont le partage est pourtant de plus en plus complexe. En ayant conscience depuis de nombreuses années, sensibilisée concrètement à ces questions lors du voyage humanitaire déjà évoqué, j'ai toujours eu à cœur de m'investir sur la question de la gestion de l'eau. Par définition, l'eau ne connaît pas de frontière, elle est souterraine, ruisselle depuis les montagnes, s'évapore dans un pays pour retomber en pluie ailleurs, se mêle aux rivières, aux fleuves, aux mers et aux océans. L'eau est planétaire. A ce titre, elle mérite une prise en considération internationale. De fait, tous les textes législatifs français actuels concernant l'eau sont issus de directives européennes, la directive-cadre sur l'eau de 2000 en particulier. Au sein de la Commission à laquelle j'appartenais, j'ai porté deux textes qui me semblaient primordiaux et ont été adoptés à la quasi-unanimité, l'un prévoyant que les fonds européens devaient financer les équipements et infrastructures liés à l'eau, dans l'ensemble des Etats-membres de l'Union, l'autre pour le financement d'infrastructures aptes à éviter les catastrophes naturelles liées aux inondations ou sècheresses majeures. Très impliquée dans la préparation et la rédaction de ces textes, j'ai mesuré combien ce sujet était passionnant et j'ai décidé de continuer à m'investir sur ces questions. Identifiée comme une élue particulièrement active dans ce domaine, j'ai été pressentie pour prendre la présidence du Cercle Français de l'Eau, représentation nationale des acteurs du monde de l'eau, disposant d'un siège de Gouverneur au Conseil Mondial de l'Eau qui en compte 35. Elue par mes pairs, je devins l'un d'entre eux en juin 2012, aux côtés de 3 autres femmes, signe que la marche est toujours plus haute pour les femmes, partout dans le monde. Or je suis convaincue que la femme sera l'avenir de l'eau, ne serait-ce que parce que, dans de très nombreux pays africains, sud-américains ou asiatiques, pour lesquels c'est un bien rare, ce sont les femmes qui vont chercher l'eau. Elles sont ainsi les plus à même de mesurer sa qualité, sa disponibilité et d'utiliser les équipements à bon escient.

Tout le monde est conscient que les défis qui nous attendent sont d'ordre climatique et environnemental. Si certaines populations ont un accès compliqué voire impossible à l'eau, si leur survie en dépend, alors elles migreront inexorablement vers les pays plus favorisés, c'est-à-dire les nôtres, et de manière bien plus importante que tout ce que nous avons connu jusqu'à présent. La question de l'eau est donc au cœur des décisions politiques de demain. Il convient de les anticiper et de trouver des solutions tant qu'il est possible de le faire. Ni les gouvernements ni les entreprises ne pourront désormais s'affranchir d'une réflexion éthique sur les questions environnementales. La situation est suffisamment sérieuse et le monde suffisamment informé pour que les comportements évoluent spectaculairement en la matière. Aujourd'hui la transition écologique mérite des investissements importants et une meilleure concertation avec les populations, comme sur la question des éoliennes ou du photovoltaïque. Il est grand temps que la France développe sa propre filière nationale, afin de ne plus dépendre de l'étranger pour être à la hauteur des défis écologiques sans dégrader sa balance commerciale. La France se doit d'être vertueuse sur le plan de l'écologie car elle est regardée par les autres Etats de l'Union Européenne et du monde, mais elle doit rester compétitive. Il faut arrêter de politiser l'écologie, il faut écologiser la politique.

Bienvenue dans la jungle

Moi qui avais adhéré au Nouveau Centre en 2008 en tant que jeune conseillère municipale d'opposition à Tours, je me retrouvai soudainement l'une des figures politiques les plus visibles du parti, une des rares femmes à ce niveau de responsabilités. Pour les militants, j'incarnais soudain l'idée qu'en s'impliquant, tout était possible. En interne, cela redistribua un peu les cartes et je décidai de m'investir fortement dans mon propre mouvement en intégrant le ComEx. Nous nous retrouvions au Ministère de la Défense (Hervé Morin, président du parti étant alors Ministre), autour d'une immense table : 3 femmes (Valérie Letard, Catherine Morin-Desailly et moi) et une cinquantaine d'hommes ! La parité n'était pas encore totalement effective... Fin août 2009, sitôt élue, je créai le club Femmes au Centre ayant pour objet d'identifier des talents parmi les femmes de notre mouvement politique, afin de les former à prendre des responsabilités au sein du parti, dans un contexte où la parité arrivait à grands pas et où de nombreuses femmes allaient se retrouver propulsées en têtes de listes. A la demande d'Hervé Morin, j'ai fait le tour des fédérations départementales, afin d'expliquer mon rôle de députée européenne, de prêcher la bonne parole et de chasser les hauts potentiels ! J'ai ainsi créé 81 clubs de femmes à travers la France, afin de remettre la femme au centre des débats et des enjeux politiques, d'inciter mes collègues à former davantage de binômes mixtes pour toutes les élections, ce qui n'est toujours pas effectif aujourd'hui.

Très engagée auprès des militants et des femmes du parti, j'ai vu ma notoriété et ma popularité grimper au sein de notre formation politique... Or, dans ce domaine, plus encore que dans beaucoup d'autres, lorsque l'on commence à briller, on devient une cible. Certains de mes collègues ont dû penser que j'allais leur faire de l'ombre et ont organisé des manœuvres malveillantes en vue de me déstabiliser. Peu préparée à tout cela, sans doute un peu idéaliste, j'ai souffert de ces luttes internes et des manœuvres mises en place par les uns ou les autres pour me nuire. Persuadé que je convoitais à moyen terme la Présidence de Région, un député d'Eure et Loire, s'est ainsi employé à multiplier les coups bas contre moi. Pour les élections européennes de 2014, il a favorisé la candidature d'une femme du mouvement Nous Citoyens, dans le but manifeste d'éviter ma réélection. S'adressant à un électorat proche du mien, cette candidate réalisa un score de 1,5%. La moitié seulement de ce score m'aurait permis d'être réélue... En politique, les vrais ennemis viennent de l'intérieur. Je l'ai découvert à mes dépens. Je suis néanmoins absolument convaincue qu'en féminisant davantage nos formations, en les rajeunissant, en y apportant de la diversité socioculturelle, en les équilibrant mieux pour qu'elles ressemblent davantage à la société dans laquelle nous vivons, nous parviendrons à apaiser la vie politique. La politique ne devrait pas être ce sport de combat, cette lutte pour la survie, ce triste spectacle auquel assistent nos concitoyens et dont je comprends qu'ils se détournent. Il y a trop de cynisme, trop de chausse-trappes et de boules puantes, trop de porte-flingues, de torpilles et de boucs émissaires. La politique s'apparente à un terrain d'opérations militaires sur lequel on devient des guerriers. De par ma personnalité et mon parcours, je pense être à l'opposé de cette conception de la vie politique. Empathique, formée aux sports collectifs, j'aime l'esprit d'équipe, je n'aime pas beaucoup la compétition acharnée. Bien sûr, je suis capable de devenir tactique, stratège, pour remporter une victoire, ainsi que je l'ai fait face à Marisol Touraine, par exemple, mais je ne conçois pas que le seul modèle politique qui vaille soit celui de la grande prédation et du chacun pour sa peau. Les enjeux sont tellement élevés que nos concitoyens méritent mieux.

En outre, je suis convaincue que l'opinion publique a toujours tendance à regarder de travers les dérapages verbaux des femmes. On tolère mieux les écarts des hommes, on s'en amuse, tandis qu'on taxe immédiatement les femmes d'hystérie lorsqu'elles sortent de leurs gonds. Je vous renvoie à la fameuse « colère saine » de Ségolène Royal dans le débat qui l'opposait à Nicolas Sarkozy au 2e tour des élections présidentielles de 2007. Dans un échange contradictoire, une femme doit absolument veiller à conserver son calme et à le montrer, notamment en maîtrisant la tonalité de sa voix. Si elle a le malheur de partir dans les aigus, elle devient inaudible car les hommes qui sont en face se mettent à parler plus fort, afin de pousser leur interlocutrice dans ses retranchements, avant de l'accuser finalement d'hystérie, un grand classique ! Afin d'éviter ce piège, sitôt élue, je me suis employée à poser ma voix en la travaillant avec un spécialiste.

Si la politique est un univers impitoyable, elle l'est doublement pour les femmes auxquelles on ne pardonne jamais rien du point de vue comportemental, capillaire ou vestimentaire. Dès lors qu'une femme prend la parole, on ne s'intéresse plus au fond mais à la forme, c'est le « syndrome de la Schtroumpfette ». Il s'agit, pour la journaliste du *New York Times* qui a échafaudé ce concept en 1991 de la surreprésentation, volontaire ou non, des personnages masculins au détriment des personnages féminins, dans les œuvres de fiction. Dans de nombreux cas, on retrouve une bande d'amis, accompagnés d'une seule femme, généralement définie de manière stéréotypée, et dont le rôle se limite à être la fille de service, la potiche. Dans le village des Schtroumpfs, chacun a son rôle social, son métier : grand Schtroumpf, Schtroumpf bricoleur, gourmand, costaud, farceur, ... la Schtroumpfette, quant à elle, n'a pas d'autre fonction que d'être fille. Elle est d'ailleurs plutôt jolie, décorative, assez nunuche, et son arrivée dans le village sème la zizanie car tous essaient de la séduire... Bref, il me semble que cette idée, au-delà de l'univers des œuvres de fiction, illustre parfaitement la situation à laquelle de nombreux politiciens cherchent encore et toujours à cantonner les femmes. A cet égard, il est certain que mon expérience de députée européenne m'a permis d'entrevoir d'autres modes de fonctionnement qui me semblent plus constructifs et plus apaisés, à l'image de l'organisation politique des états-membres scandinaves. Je constate néanmoins que, dans la durée, on apprend à se défendre, on se tanne le cuir, on devient plus machiavélique.

Les montagnes russes et la traversée du désert

Allié à l'UMP pour la campagne de 2009, le Nouveau Centre n'avait alors que peu de divergences avec le parti présidentiel sur la vision d'une Europe libérale et sociale. Durant son quinquennat, Nicolas Sarkozy a eu tendance à mettre la barre à droite, pour ce qui concernait la politique intérieure comme la politique européenne. Au sein du ComEx de l'UDI, nous avons logiquement pris la décision de ne pas nous allier à nouveau à l'UMP pour les élections de 2014. Nous nous sommes alors rapprochés du Modem de François Bayrou, considérant que nos valeurs démocrates, humanistes, sociales et européennes étaient plus proches.

A la différence de la campagne de 2009 qui m'avait quelque peu prise de court, j'ai eu tout le temps de préparer ma campagne de 2014. Devenue une personnalité reconnue de mon parti, défendant un bilan politique, ayant gagné en notoriété dans ma région, je n'étais plus un quota mais bel et bien une candidate légitime. Pour autant, il n'était absolument pas acquis que je sois tête de liste car en 2014 (et je ne crois pas que les progrès en la matière aient été exceptionnels depuis lors), on n'avait pas tellement l'habitude de confier la direction des opérations politiques aux femmes. En tant que députée sortante, il me semblait pourtant que c'était une évidence mais, ainsi que je l'ai déjà souligné, on considère un peu trop les élections européennes comme un canal de recyclage des politiciens. Il était tout à fait envisageable que quelque homme en quête de mandat électif soit parachuté sur ma liste, et de préférence en tête. En incarnant fortement mon mandat, aussi bien à Bruxelles, Strasbourg que sur le terrain, dans ma circonscription, je suis parvenue à rendre ma candidature incontournable.

Il y eut d'âpres discussions entre « ces messieurs » ... et, grâce à l'appui de Jean-Christophe Lagarde que je tiens à remercier ici, je fus finalement désignée pour conduire notre liste, alliée au Modem, dans l'Euro-région Auvergne, Centre, Limousin. Je reçus alors un curieux appel du directeur national de notre campagne. Je pus mesurer tout le manque de considération pour les femmes politiques, lorsqu'il m'apprit l'identité de mon mandataire financier, en l'occurrence un Auvergnat, choisi pour moi. Le rôle du mandataire financier est central puisqu'il gère les comptes de campagne et permet qu'ils soient validés dans le bon respect des lois. C'est véritablement une personne de confiance et de proximité, or celui retenu habitait Clermont-Ferrand, à plus de 300 km. Parce que j'étais une femme, *on* avait décidé à ma place qui m'accompagnerait dans cette tâche, qui tiendrait les cordons de ma bourse ! Tous les hommes têtes de liste ont pu choisir eux-mêmes qui serait leur mandataire financier. Je suis la seule candidate à laquelle on ait présenté la chose de cette façon et il est évident que c'est parce que je suis une femme. Avant de démarrer ma campagne, il m'a donc fallu ferrailler pour résoudre ce problème, ce qui m'a fait perdre du temps et de l'énergie. Ce détail réglé, je pus choisir le mandataire que je voulais et lancer ma campagne.

Je choisis comme directeur de campagne un jeune homme extrêmement dynamique et impliqué, futur candidat malheureux à la mairie de Blois, Malik Benakcha. Grâce à son travail et au soutien inconditionnel de mon mari, je fis une très belle campagne, parcourant des milliers de kilomètres, enchaînant les réunions et les meetings à travers les 15 départements de mon euro-circonscription. Le meeting final avait lieu à Clermont-Ferrand, dans le fief de Valéry Giscard d'Estaing qui me fit l'honneur de me soutenir publiquement. Marc Fesneau, Jean-Christophe Lagarde et Yves Jégo déclarèrent même que j'étais LA surprise de cette campagne 2014 ! Passionnée par mon travail d'eurodéputée, désireuse de pouvoir poursuivre ce que j'avais entamé, je me suis lancée à 200% dans la bataille.

Le dimanche des élections, il fut annoncé toute la soirée que j'étais en ballotage favorable, avant que Claire Chazal ne m'annonce élue, aux environs de 23 heures sur TF1 ! Coiffée d'un chignon sensé dompter ma chevelure, habillée en bleu, blanc et rouge, ma photo prenait tout l'écran, barrée d'un bandeau : « Sophie Auconie : élue » ! Bien sûr, mes parents regardaient la télévision et l'annonce de ma victoire les remplit de joie. Ils éteignirent et allèrent se coucher après m'avoir chaleureusement félicitée. Dans ma permanence, les bouchons de champagne commençaient à sauter les uns après les autres, tout le monde se congratulait, tandis que sur le trottoir d'en face, à la permanence UMP, la pièce se vidait et les lumières s'éteignaient... A Paris, un petit nombre de proches collaborateurs apprenant la nouvelle prirent le dernier train pour venir fêter la victoire avec moi. Quelques dizaines de minutes plus tard, je reçus un coup de fil du Ministère de l'Intérieur m'annonçant qu'une erreur avait été commise dans le décompte des voix et l'annonce de ma victoire. Les bulletins du Limousin n'avaient pas été pris en compte lors de la précédente communication et le résultat définitif s'en trouvait modifié : j'étais battue ! Tout le monde le sait, les bouteilles de champagne ne sont pas faites pour être rebouchées... L'information me fit l'effet d'un coup de poignard glacé dans le cœur. Je ne pense pas qu'il existe politiquement de douleur plus forte que d'apprendre sa défaite, moins d'une heure après avoir cru gagner. Personne ne peut imaginer vivre une telle épreuve, c'est absolument insoutenable. Bien sûr, la conversation me laissa complètement groggy et il fallut expliquer à ceux qui étaient autour de moi que la fête était finie. Ceux qui arrivaient depuis Paris pour célébrer une victoire débarquèrent dans une ambiance de funérailles... Bien sûr, je dus aussi annoncer ma défaite à mes parents le lendemain matin. Mon père n'en revenait pas, c'était une vraie désillusion. Il en a été totalement abattu et je suis convaincue que le double AVC qu'il a subi peu de temps après est directement lié au choc de cette nouvelle car il vivait l'exaltation politique à travers moi. A mes côtés en cette fin de soirée douloureuse, mes enfants, du haut de leurs 17 et 14 ans, furent d'un grand soutien.

Telle est la cruelle réalité de la vie politique. Tous ceux qui descendent dans l'arène doivent être prêts à y être blessés. Je crois pouvoir mesurer très modestement la douleur qu'a dû ressentir François Hollande lorsqu'il a compris qu'il ne pourrait pas se présenter à sa propre succession en 2017. Je peux me figurer la colère de Nicolas Sarkozy, sèchement battu lors de la primaire de la Droite à ces mêmes élections. J'imagine la frustration d'un VGE quittant l'Elysée en 1981 et étant toujours acteur et spectateur de la vie politique nationale près de 40 ans plus tard. La politique impose ces épreuves à ceux qui la choisissent. Il faut en accepter les règles du jeu. Toutefois, la douche écossaise que j'ai subie est à mettre au rang des raretés et à conserver au musée des petites histoires politiques. Indirectement, cela pose la question de l'*ego* en politique. Il est évident que le fait de se présenter devant les électeurs participe d'une forme de référendum narcissique de popularité. La victoire suppose une adhésion à un programme comme à une personnalité, tandis que la défaite s'assimile à un rejet de soi, un désamour. Une défaite est une gifle à l'amour propre, aussi vertigineuse que le sentiment de la victoire, mais en sens opposé. Je ne sais pas si la vie est un jeu à somme nulle, mais il est certain que la vie politique offre des moments d'exaltation intense que l'on paie, tôt ou tard, par des descentes aux enfers brutales.

Il faut garder en tête que ce passage à la lumière est provisoire et que le retour dans l'ombre est inexorable. La vie publique et la notoriété sont comme des drogues dures. L'addiction est forte et la crise de manque peut s'avérer terrible. J'ai, quant à moi, toujours eu en tête les paroles de mon grand-père : « Quand tu montes les escaliers, salue les gens que tu croises, car le jour où tu les descendras, tu croiseras les mêmes. » Il faut certainement avoir cette humilité pour affronter le choc que constitue une victoire ou une défaite politique.

L'effet du coup de massue qui nous assommait, Jean-Michel, mes fils, mes collaborateurs et moi dura néanmoins plusieurs jours. Rapidement, il nous fallut réfléchir à notre avenir, puisque mon mari avait mis sa carrière entre parenthèses, en démissionnant, pour nous permettre de vivre l'aventure européenne. Le lendemain matin, je reçus deux coups de fil qui comptèrent beaucoup pour moi. Le premier provenait de Jean-Louis Borloo. M'assurant de son soutien, il me réconforta chaleureusement, me confiant qu'il estimait que j'avais réellement mérité de remporter cette élection, puis, partageant avec moi sa propre expérience de la défaite électorale, il m'assura que je me nourrirais de cet échec et que je saurais rebondir. L'autre appel qui compta beaucoup pour moi fut celui de Michel Barnier qui me déclara que le Parlement perdait avec moi une députée d'engagement, ce qu'il regrettait, et qu'il serait toujours là pour m'épauler, ce qu'il fit. Ces deux hommes-là exprimèrent ainsi des encouragements qui me permirent de me remette debout plus rapidement et d'avancer. Je tiens à leur rendre hommage.

Le mardi suivant, j'étais attendue au siège de mon parti par Jean-Christophe Lagarde qui en était le nouveau président. La *standing ovation* que je reçus en franchissant la porte de la salle de réunion me fit fondre en larmes. Nombreux furent alors ceux qui m'assurèrent de leur soutien et me promirent de ne jamais me lâcher. Le seul qui tint promesse fut Jean-Christophe Lagarde qui continua à financer une permanence UDI pendant une année, afin que je puisse exister localement. Naïvement, je crus d'abord tous les témoignages et les promesses que l'on me faisait. J'étais persuadée que des collègues m'aideraient à retomber sur mes pattes, à trouver un job. Insidieusement, le temps faisant son œuvre, tout le monde oublia petit à petit mon numéro de téléphone et la situation inconfortable dans laquelle je me retrouvais. Je dus me débrouiller seule. J'ai donc créé une structure juridique de conseil, APP - Affaires Publiques et Performances - et je suis allée chercher moi-même mes clients, en me démenant comme une lionne.

Bien sûr, pour les fonctionnaires, la question professionnelle est assez simple à gérer, puisqu'ils retrouvent automatiquement un poste et une rémunération, équivalents à ce qu'ils avaient avant d'être élus. Pour tous les autres, ce n'est clairement pas le cas. Il y a là une injustice fondamentale car il est nettement plus facile de se lancer en politique en France lorsque l'on est fonctionnaire, tandis que c'est plus risqué lorsque l'on est salarié du privé, indépendant ou profession libérale. De ce fait, logiquement, nombre d'élus, notamment locaux, sont des retraités...

V. 2017 : DÉPUTÉE

Elue du peuple

Après la douche écossaise de la défaite, après en avoir compris les ressorts, j'aurais légitimement pu être dégoûtée de la vie politique et m'en retirer définitivement, pour reprendre l'expression de Lionel Jospin. La structure de conseil que j'avais créée fonctionnait. En l'espace de quelques mois, j'étais parvenue à travailler pour des entreprises et des collectivités et à maintenir le pouvoir d'achat de notre famille, ce qui était pour moi une priorité. C'est un fait, la vie politique est précaire et j'aurais pu me poser la question de la viabilité de cette ambition politique pour quelque chose de plus rassurant, de plus équilibré. Soutenue par Jean-Christophe Lagarde, j'ai pu continuer à exister sur le terrain et à travailler pour notre parti. En mon for intérieur, j'ai toujours eu la conviction que des citoyens issus de la société civile, d'extraction modeste, des Monsieur et Madame Tout-le-Monde en somme, devaient participer à la démocratie de notre pays. Il ne faut pas qu'il existe deux catégories de population : une caste politique d'un côté, et des citoyens de l'autre.

Ayant ce sens de l'engagement chevillé au corps (plusieurs membres de ma famille ont été élus au niveau local), j'ai pensé qu'il était de mon devoir de retourner dans l'arène, pour porter haut la voix de mes concitoyens, et notamment celle des femmes.

Les régionales de 2015 constituaient la première échéance politique après les élections européennes de 2014. Commençant à être bien implantée et reconnue sur le territoire, j'ai considéré qu'il était logique que je fasse partie de la liste de rassemblement (LR + UDI), menée par Philippe Vigier, alors Député de l'Eure-et-Loire et président du groupe UDI à l'Assemblée Nationale. Il était initialement prévu que je figure en 5e position, avant qu'on ne me rétrograde en 7e position. A cette place, je restais éligible pour le Conseil régional, même en cas de défaite. Or, Philippe Vigier craignait toute rivalité potentielle. Il se trouve que j'ai du tempérament et de la personnalité, mais je suis loyale. Il aurait dû le savoir. Pour des raisons tout à fait irrationnelles, il préféra m'éjecter. Ce fut une erreur. Une élection, c'est une somme de voix d'électeurs. Il ne faut pas commencer par de mauvaises soustractions tactiques. De fait, sa liste s'inclina face à la liste menée par François Bonneau, en raison des mauvais résultats de la Touraine. De sa liste, Philippe Vigier avait écarté Thibault Coulon qui devint par la suite Vice-Président de la Métropole de Tours, Gérard Hénault, devenu Président de la principale Communauté de Communes de l'Indre-et-Loire, et moi qui fus élue députée de la 3e circonscription d'Indre-et-Loire deux ans plus tard ! Sur le fond, il s'agissait donc d'un mauvais calcul politique. Sur la forme, cela m'offrit une belle leçon de lâcheté politique masculine. En effet, après avoir tout fait pour que je ne puisse pas rendre mon dossier en temps et en heure, Philippe Vigier me fit prévenir par son collaborateur, la veille au soir de la présentation officielle de la liste, que ma candidature n'était pas retenue ! J'ai tenté plusieurs fois de le joindre pour en discuter, mais Philippe Vigier ne m'a jamais rappelée, moi, ex-députée européenne, Vice-Présidente et Porte-Parole de mon parti qui est aussi le sien ! Quel manque de considération ! Jean-Christophe Lagarde, de son côté, me fit savoir qu'il n'avait « rien pu faire... »

Les élections tournant au désavantage de Philippe Vigier, j'éprouvai un sentiment nouveau, ambigu, mêlé de la déception que la liste de mon parti échoue, en même temps qu'une forme de satisfaction à voir ce collègue déloyal et inconséquent vivre, à son tour, un échec électoral. Lors des conversations qui suivirent, Jean-Christophe Lagarde me fit comprendre que je ne pouvais m'en prendre qu'à moi-même si j'avais été écartée de la liste Vigier. Et il me conseilla de regarder vers les élections de 2017, confiant en la légitimité et la notoriété que j'avais acquises depuis 2009 sur le terrain, à la tête d'une belle fédération départementale. Jean-Michel, mes fils et moi habitions alors Tours, dans une belle maison acquise 20 ans auparavant et à laquelle nous étions attachés. Néanmoins, ses quatre étages constituaient à moyen terme un obstacle à un vieillissement serein et, ayant tous deux dépassé la cinquantaine, nous avons commencé à réfléchir à nos vieux jours et imaginé déménager... Trois des cinq circonscriptions d'Indre-et-Loire étaient tenues par la Droite, alliée de mon parti. Par principe, les partenaires politiques ne s'affrontent pas lors des élections sur le terrain. En tant qu'UDI, il me restait donc deux possibilités, l'une plutôt facile à Tours, circonscription tenue par un député PS, fragilisé par cinq ans de présidence Hollande, l'autre plus compliquée dans la 3e circonscription, fief de Marisol Touraine. Députée par intermittence depuis 1997, Ministre sortante de la Santé, médiatique, elle se trouvait indirectement soutenue par Emmanuel Macron qui n'envoyait pas de candidat LREM face à elle... bref, une adversaire de poids. Cette circonscription, essentiellement rurale, se compose de 80 communes de taille modeste. Y faire campagne suppose d'être très présente sur le terrain et de jouer la carte de la proximité. Puisqu'il y avait deux circonscriptions à conquérir, dont une plus facile et plus prestigieuse, Les Républicains décidèrent de faire campagne à Tours et de laisser la 3e à l'UDI. J'ai accepté, après en avoir discuté avec Jean-Christophe Lagarde, de me préparer à cette campagne qui s'avérait difficile, voire ingagnable contre une femme rompue à la politique. J'en acceptais l'augure. Jean-Michel et moi avons alors décidé de vendre notre maison de Tours rapidement afin d'acquérir un bien sur la 3e circonscription. Vivre sur sa circonscription pour un député, comme dans sa ville pour un maire, est un principe en France. C'est ainsi que notre famille s'est établie à Saint-Avertin et que l'UDI m'a désignée comme candidate pour les législatives. Nous étions fin 2015 pour des élections à venir en juin 2017.

Au sein de mon parti, Christophe Bouchet était pressenti pour être candidat à Tours. Logique d'alliance oblige, il se retira au profit du candidat LR. Parallèlement, le candidat LR prévu dans la 3e circonscription décida de se maintenir face à moi, contre la consigne de son parti. Désormais dissident des Républicains, il se présenta sous l'étiquette Divers Droite. Si je ne le craignais pas réellement, je savais qu'il constituerait sans doute un bâton dans mes roues pour le 1er tour…

Après avoir été candidate sur une liste municipale, deux listes européennes et, presque, une liste régionale, je me retrouvai candidate en mon nom propre pour la première fois, à des élections législatives. Je fis le choix de m'allier à un homme de terrain pour lequel j'avais une grande estime et une grande admiration. Gérard Dubois, issu d'un milieu modeste, titulaire d'un CAP de menuisier, créa et développa considérablement son entreprise, laquelle lorsqu'il la céda réalisait plusieurs dizaines de millions de CA et employait près de 200 salariés. Également Maire et Conseiller départemental, Gérard a toujours été très impliqué dans la vie politique locale et c'est un homme de parole. J'ai été extrêmement heureuse qu'il accepte, en versant une petite larme, d'être mon suppléant ! Cela a, en outre, permis à certains amateurs de calembours de me conseiller, pour remporter l'élection, de « toucher Dubois »... Toujours le vieil esprit gaulois ! Guidée par mon instinct, je fis le pari de la jeunesse plutôt que de l'expérience et choisis comme directeur de campagne le président des jeunes UDI de mon département. J'eus évidemment la chance d'être épaulée également par des personnalités plus expérimentées, notamment Monsieur Tahar Boucebci, éminent Général de Division de l'Armée de l'Air, qui m'accompagna sans relâche sur les marchés ! Maintenant qu'il nous a quittés, je ne suis pas certaine de l'avoir suffisamment remercié.

Sans doute parce que j'ai un visage sympathique et un parcours atypique, mes adversaires ont toujours eu tendance à me sous-estimer. Erreur, je suis une guerrière. Durant toute la campagne, de 7 heures du matin à 1 heure, chaque jour, j'ai occupé le terrain, visitant toutes les cours de fermes, tous les halls d'immeubles, toutes les places de marché... et ce, entourée d'une équipe formidable comptant notamment plus de 50 jeunes ! Il se trouve, par ailleurs, que Marisol Touraine a certainement commis une erreur politique. Après n'avoir soutenu aucun candidat à l'élection présidentielle, après avoir été investie par le PS pour être candidate à l'élection législative, elle fit le choix de s'afficher « Candidate de la majorité présidentielle avec Emmanuel Macron », sans aucune couleur, trace, ni logo du PS ! Les militants de gauche ont évidemment pris ce revirement soudain comme une forme de trahison et il est certain qu'un nombre d'entre eux ont fait campagne contre elle. Dernier point : je me suis arrangée pour connaître son agenda, ce qui m'a permis de la devancer d'un quart d'heure dans la plupart de ses déplacements. Je me suis alors systématiquement trouvée avant elle sur les marchés et aux événements organisés par les acteurs des territoires, accueillie par les organisateurs quand Madame la Ministre arrivait et devait attendre leur disponibilité. Elle finit par perdre ce sang-froid qui la caractérise tant et lâcha : « Cette femme m'exaspère ! » J'ai mesuré alors combien il devait être difficile de quitter les ors de la République pour se confronter à une novice en politique dans la ruralité lochoise. Marisol Touraine avait, par ailleurs, défendu ses politiques pour la Santé en France dans un quinquennat difficile et se révélait moins motivée et moins engagée dans la bataille. Quant à moi, je m'y suis jetée, le couteau entre les dents. D'un abord naturellement réservé, elle semblait donner sur le terrain l'image d'une femme distante et quelque peu méprisante vis-à-vis de mon équipe et de moi.

Lors du débat télévisé qui nous a opposées sur TV Tours entre les deux tours (seul débat des cinq circonscriptions, aucun autre candidat ne souhaitant se prêter à l'exercice, notamment après les difficultés rencontrée par Fabienne Colboc, candidate LREM de la 4e circonscription), je lui ai adressé une pique, a priori anodine : « Madame, vous n'avez de Touraine que le nom », mais qui fit le buzz dans la presse et sur les réseaux sociaux ! Il semble que j'aie bien fait de suivre mon instinct et de prendre part à ce débat, contre l'avis des ténors de mon parti qui me promettaient de me faire broyer par cette professionnelle de la politique. Du lundi au vendredi précédant cet exercice périlleux, je me suis entraînée tous les soirs, à la fin de journées déjà très chargées, face à 5 bons copains, maires ou élus, jouant mon adversaire pour la circonstance en me mitraillant de questions, remarques, contre-arguments. Elle m'a semblé lasse et ne me positionnait pas au même niveau qu'elle. Je l'ai sentie abdiquer.

Avec un peu de recul, je pense qu'aucune de nous n'est sortie gagnante de ce débat, mais personne ne l'a perdu. En particulier, et contre toute attente semble-t-il, je n'ai pas démérité. Et cette petite phrase improvisée a fait son chemin dévastateur. Dernière petite chose : il semble bien que la Ministre de la Santé se soit mis le monde médical à dos au cours de son passage Avenue Duquesne. Nombre de professionnels de santé ne souhaitaient pas que, redevenant députée, elle puisse à nouveau être nommée Ministre ou élue Présidente de l'Assemblée nationale. Pas question ! De façon spontanée, ils firent campagne contre elle après le 1er tour des élections, distribuant des tracts à charge, vis-à-vis de son action ministérielle comme de son mandat législatif, avec le mot d'ordre *Tout Sauf Marisol Touraine* ! Malgré son affiche aux couleurs du candidat Macron, jaune et bleue, mettant en avant son lien avec le Président fraîchement élu, Marisol Touraine ne parvint pas à rallier derrière elle les militants de LREM. Sur les 13 sections macronistes de la circonscription, j'apprendrai plus tard que 11 m'étaient favorables ! Ils privilégiaient la réalité du terrain à la notoriété. Assidue aux dîners de la Sainte-Barbe au milieu des pompiers, pour leur témoigner tout le soutien et la gratitude de la population à leur égard, j'ai par exemple découvert que Marisol Touraine n'y participait jamais. Ce n'était évidemment pas son style, alors que cela semble essentiel aux yeux de nos citoyens.

Au soir du premier tour, Marisol Touraine était largement en tête, avec plus de 28,5%

des suffrages, tandis que je n'en engrangeais que 20% ! Grosse désillusion, vécue au milieu de mes équipes et de mes militants. Beaucoup autour de moi commençaient déjà à baisser les bras, convaincus que le match était plié, tandis qu'en mon for intérieur, j'étais certaine de gagner. Ce furent des moments difficiles car des proches, dont mon fils Pierre, étaient visiblement déçus de ce score. Je parvins néanmoins à trouver l'énergie pour remobiliser tout le monde et lancer une belle seconde campagne. Lors de cette soirée de doutes pour tous, je pus compter mes vrais amis : ceux qui m'accompagnaient, me rassuraient, m'incitaient à croire en la prochaine victoire... Et puis, il y avait « les amis », persuadés que l'échec serait l'issue, restant très en réserve, au fond de la salle, soucieux de ne pas apparaître sur les photos afin de n'être pas associés à l'image d'une perdante. Ces mêmes « amis » qui, le soir de la victoire, joueraient des coudes pour être sur les photos et dans le champ des caméras, assurant que la victoire était une évidence tant j'étais une candidate hors pair ! Tous étaient des hommes !

Le débat du deuxième tour, le ralliement des professionnels de santé et le report des voix de la droite me permirent de remporter cette élection, avec 56,59% des suffrages contre 43,41% pour ma rivale. Une victoire arrachée haut la main, venant couronner tout le travail réalisé sur le terrain depuis des mois... et clouer le bec de mes détracteurs, notamment au sein de ma propre formation politique. Le soir même, échaudée par la douche écossaise des élections de 2014, et la déception du premier tour, je fis le choix d'attendre les résultats chez moi. Par mauvais réflexe, je me mis devant BFM TV où des politologues se répandaient en conjectures sur le sort des ministres ou anciens ministres candidats. Après Myriam El Khomri, Najat Vallaud-Belkacem, Stéphane Le Foll, vint le moment d'évoquer Marisol Touraine. Les spécialistes présents sur le plateau étaient persuadés que son ballotage favorable du 1er tour serait suivi d'une victoire au second, face à l'inconnue Auconie, et qu'elle avait même déjà négocié la Présidence de l'Assemblée Nationale ! Entendre cela me donna l'impression que j'allais revivre l'électrochoc des Européennes de 2014... cauchemar en vue ! Pourtant, assez rapidement, je commençai à recevoir les résultats des bureaux de vote des plus petites communes dont le dépouillement avait été rapide et suivi par des militants de mon équipe. Ils étaient tous en ma faveur, avec souvent des écarts assez importants. Fébrilement, j'attendais les résultats des communes un peu plus importantes, ou de celles étant traditionnellement à gauche, comme Ligueil où j'arrivai en tête, d'une courte avance, mais en tête tout de même. Le vent semblait être de mon côté. Vers 19h30, je reçus des informations provenant des trois plus grosses communes de la circonscription : Saint-Pierre, Saint-Avertin et Chambray-lès-Tours. Sur les premiers bulletins ouverts, les résultats étaient plutôt engageants. Traumatisée par l'expérience de 2014, je refusai de céder à l'euphorie et pris ces informations avec calme et recul. Optimiste et réservée, je préférais attendre les résultats définitifs avant de m'emballer. A 19h45, ma garde rapprochée me téléphona : « Madame la Députée, tu peux venir fêter ta victoire à Montbazon, la messe est dite. » Habitée par la crainte que la situation ne se retourne en ma défaveur et ne souhaitant pas écraser mon adversaire, j'eus la victoire plutôt modeste. Je ne reçus d'ailleurs aucun coup de fil de sa part, signe que pour elle, nous ne jouions sans doute pas dans la même cour... Je sais néanmoins que la défaite dut être particulièrement difficile pour elle, scrutée par tous les médias de France et de Navarre, et qu'elle ne devait pas avoir la tête à me féliciter de vive voix ce soir-là. Le lendemain, dans la presse locale, je pus lire qu'elle saluait ma victoire et me souhaitait de réussir dans mon mandat.

Si au fond de moi, je savais en partant en campagne que je remporterais cette élection, j'avoue avoir été agréablement surprise par le score sans appel que nous avons réalisé et que je tiens absolument à partager avec toute mon équipe. La victoire, c'est moi, mais le score, c'est nous ! Je ne pus m'empêcher de penser à mon père et mon beau-père, certaine qu'ils m'avaient accompagnée et que, du Ciel, ils partageaient la joie de cette belle victoire. Les premiers mots de mon discours leur furent dédiés.

Le soir du dimanche 18 juin 2017, entourée de toute mon équipe et accompagnée d'une foule de soutiens de la première et de la dernière heure, je célébrai jusque tard dans la nuit cette victoire bien méritée. Le mardi matin, après 24 heures de repos salutaire, nous nous sommes tous retrouvés pour nous mettre immédiatement au travail. « A partir de maintenant, nous sommes en campagne pour 2022. Ne ménagez pas ma peine. Je serai présente à l'Assemblée nationale car je veux être une parlementaire engagée, mais je veux aussi une présence terrain importante, pour enraciner ma légitimité. »

Réenchanter la politique

La relation actuelle entre les citoyens et le monde politique me semble particulièrement épidermique. De toute évidence, le comportement scandaleux d'un certain nombre de responsables politiques vis-à-vis de la règle commune en est la cause. Beaucoup trop d'hommes et de femmes politiques (mais les exemples qui me viennent à l'esprit sont majoritairement masculins) ont été en-dessous de tout sur le plan moral dans l'exercice du mandat que le peuple français leur avait confié. Considérant qu'ils pouvaient œuvrer en toute impunité dans leur relation aux femmes ou à l'argent public, que leur intérêt personnel primait sur l'intérêt collectif, ils ont dressé un mur de défiance entre les électeurs et les élus. Parallèlement, le monde dans lequel nous vivons aujourd'hui est extraordinairement répressif pour les individus lambda. Dans un système à charge, le moindre écart, le moindre retard, la moindre erreur, est immédiatement sanctionné par une techno-structure froide et contrôlante. Et paradoxalement, c'est parmi ceux qui ont pour mission de rédiger, faire voter et faire appliquer ces lois que l'on trouve les exemples les plus outranciers. De Cahuzac à Fillon, en passant par Balkany ou Thévenoud, l'actualité regorge d'affaires nauséabondes qui éclaboussent le monde politique de droite comme de gauche, et le rendent suspect aux yeux de l'opinion. Dans ce contexte, il n'est pas surprenant que les gens se détournent de la politique, qu'ils soient enclins à écouter les discours populistes ou à se révolter, et parfois de manière violente, comme on l'a vu autour des manifestations des Gilets Jaunes. Dans cette ère de suspicion généralisée vis-à-vis des politiques, et plus généralement des élites, il n'est pas surprenant que soient réclamés contrôle et transparence. C'est de bonne guerre. Epluchant les coûts du fonctionnement de notre démocratie, certains peuvent être tentés de penser que notre représentation nationale, décrédibilisée, coûte trop cher au peuple français. On peut lire ici ou là qu'une façon de réduire ces coûts consisterait à réduire le nombre de députés ou de sénateurs, ou à carrément supprimer une de ces deux chambres, et a priori plutôt le Sénat dont le mode de fonctionnement peut paraître opaque du fait du mode de scrutin indirect.

Ces propos poujadistes ne me semblent pas opportuns. Depuis plusieurs années que je suis députée et que je sillonne ma circonscription du mieux que je peux, tout en m'efforçant d'être irréprochable dans ma présence à l'Assemblée Nationale, j'entends régulièrement mes interlocuteurs se plaindre du fait qu'on ne me voit pas suffisamment sur le terrain ! S'il y avait moins de députés, il faudrait naturellement étendre chaque circonscription. La mienne compte déjà 80 communes. Comment pourrais-je être davantage présente sur le terrain, sans m'absenter de l'hémicycle, si elle devait être encore plus grande ? Ce nombre de 577 députés peut donc sembler élevé, à l'heure d'internet et des réseaux sociaux, mais je crois que si nous ne voulons pas que la politique ne soit plus que le royaume de la communication online, il faut absolument préserver ce lien au terrain et donc éviter que les circonscriptions ne soient trop étendues.

Quant au Sénat, il me semble que la toute-puissance actuelle de la majorité à l'Assemblée doit nous inciter à conserver un contre-pouvoir législatif réel. Elu dans un tsunami politique sans précédent, Emmanuel Macron est parvenu à faire élire à l'Assemblée une écrasante majorité de députés, fraîchement labellisées LREM pour certains, totalement novices pour d'autres. Sa personnalité et son sens tactique aigu ont fait de lui un meneur pour une partie de ses troupes qui soutiennent inconditionnellement le gouvernement. Il suffit de se rappeler le triste exemple du projet de loi Bricout sur le deuil parental et de son rejet initial, aveugle et inhumain, par une majorité de députés macronistes. Ce projet de loi avait été étudié trop rapidement par le cabinet de la Ministre Pénicaud qui avait émis un avis défavorable. Les députés LREM avaient suivi cette recommandation sans aucun sens critique, démontrant à quel point une majorité parlementaire pouvait adopter n'importe quelle mesure. Fort heureusement, Emmanuel Macron est un démocrate et un humaniste, mais imaginons qu'un pareil cas de figure se produise au sein d'un gouvernement autoritaire, notre démocratie serait en danger ! Aussi, une assemblée plus mesurée, moins sensible au vent électoral, comme l'est le Sénat, garantit une forme de sagesse et de pérennité dans le vote des lois. Bien que progressiste, je tiens à ce que nous conservions certaines instances qui permettent le fonctionnement optimal de notre démocratie. Si le Président de la République était élu différemment, si le mandat présidentiel était plus long, si le calendrier électoral ne faisait pas des élections législatives une transformation de l'essai marqué par le candidat élu, peut-être ne serait-il pas nécessaire de conserver ces deux chambres. Dans l'état actuel des choses, cela me semble tout à fait souhaitable. Puisque les Français sont très attachés à leurs maires et qu'ils les élisent souvent pour leurs qualités humaines ou opérationnelles, plutôt que pour leur couleur politique (dans les petites et moyennes communes en tout cas), pourquoi ne pas imaginer une élection du Président de la République par les maires qui seraient en quelque sorte nos grands électeurs ? Ils sont la meilleure expression de la démocratie en France. Je crois qu'il ne faut pas fermer la porte à ce type de réflexions. Elles nécessitent néanmoins une meilleure éducation civique de nos concitoyens et un meilleur débat politique. Avec internet et les réseaux sociaux, la manière dont les gens reçoivent l'information a de quoi effrayer. Il y a peu de place pour l'esprit critique et l'analyse. L'immédiateté, la recherche du buzz et la mise en scène systématique du clash font émerger les personnalités les plus radicales. Si on n'est pas bon client sur un plateau, si on ne truffe pas son discours de *punchlines* pour assommer son adversaire, on n'existe quasiment pas. On est accusé de fadeur, de politiquement correct. Je ne crois pas que le sens de la nuance, de la mesure, soit un défaut. Bien au contraire. Je regrette que l'on accorde tant de crédit aux polémistes et que les vrais penseurs de fond deviennent des espèces en voie de disparition sur les radars médiatiques...

La question de la proportionnalité dans la composition de l'Assemblée Nationale revient souvent. A première vue, on peut leur donner raison. La proportionnelle serait en effet une expression très démocratique des choix du peuple français au Parlement. Si on y réfléchit de plus près, il me semble qu'on perçoit aisément que composer un gouvernement sans une majorité claire est un casse-tête extrêmement complexe. Certains de nos voisins, Allemands ou Belges, s'y heurtent fréquemment. Or, il ne faut pas perdre de vue que leur pays est organisé de manière très différente du nôtre et très décentralisée. Ce sont des états fédéraux. Les régions belges ou les Länder allemands disposent d'une grande autonomie. Ce n'est pas du tout le cas des régions françaises. Si nous nous trouvions dans l'incapacité de constituer un gouvernement pendant plusieurs semaines, voire plusieurs mois (comme c'est arrivé en Belgique), notre pays serait partiellement paralysé car les compétences et les budgets ne sont pas autant décentralisés que dans ces deux exemples. Nous serions incapables de mettre en œuvre les politiques publiques grâce auxquelles notre pays fonctionne. Si on veut un suffrage proportionnel dans ce pays, il faut revoir notre fonctionnement institutionnel et territorial…

Dès mon élection, j'ai fait le choix de diviser mon temps en deux entre Paris et ma circonscription. Je pars à Paris tous les lundis soirs, pour assister le mardi matin à la Conférence des Présidents, afin de pouvoir représenter au pied levé mon président de groupe. L'essentiel de mon travail parlementaire, au sein de différentes commissions, se déroule les mardis, mercredis et jeudis. Je suis notamment secrétaire de la commission du développement durable et de l'aménagement du territoire. Avec la prise de conscience des questions environnementales, c'est une commission tout à fait passionnante et dans laquelle je m'implique totalement. J'ai également été rapporteure de la mission parlementaire sur la loi pour l'économie bleue, dans le prolongement de mon implication auprès du Cercle Français de l'Eau. Le vendredi, le samedi, le dimanche et le lundi, je suis dans ma circonscription, au plus près des préoccupations concrètes de mes concitoyens. Dans cet emploi du temps très chargé, je m'efforce aussi de rester disponible pour mes fils et mon mari, eux qui se sont tant sacrifiés pour ma carrière politique.

Dans le combat qui m'anime, inspirée par l'exemple de mes parents qui ne partageaient pas les mêmes options politiques, j'ai le sentiment de porter de belles valeurs et d'avoir trouvé en l'UDI la maison correspondant à mes principes. J'observe néanmoins le séisme provoqué en 2017 par Emmanuel Macron, dont les répliques continuent à faire trembler le paysage politique. En tant que centristes, nous avons toujours conçu la politique comme un affrontement entre la gauche et la droite et nous nous sommes placés comme un arbitre mesuré des débats, partenaire historique de la droite dont nous visions à modérer le discours sur les plans social et sociétal. Comme la plupart des formations politiques traditionnelles, nous nous retrouvons depuis 2017 en grande difficulté pour exister politiquement. En tant que parlementaire, je suis éminemment frustrée par la machine à l'œuvre sur l'ensemble des lois et projets de loi du mandat actuel. L'exécutif, à l'évidence, ne nourrit pas un grand respect pour les parlementaires de l'opposition. De ce fait, quoi que l'on propose, on se heurte à un mur. Les amendements ne passent pas et les travaux présentés restent lettres mortes. J'ai ainsi travaillé sur la rédaction d'un rapport - passionnant et indispensable - sur la violence sexuelle et sexiste et la lutte contre les viols, à partir duquel nous avons proposé 25 initiatives, aucune n'a été retenue pour la proposition de loi de juin 2018. Nous n'avons même pas été reçus par la Garde des Sceaux pour échanger à ce sujet... La majorité LREM est omnipotente à l'Assemblée et il y a vraiment très peu d'espace pour les autres formations politiques.

Sitôt élue, j'ai considéré que face aux immenses défis qui attendent notre pays, le Président Macron n'avait pas d'autre option que de réussir et que je n'avais donc pas d'autre option que de le soutenir. Voici pourquoi je me suis immédiatement rangée parmi les députés d'opposition constructive, en votant la confiance au Gouvernement. Avec la Covid-19, j'ai eu l'opportunité de faire partie d'une Commission d'Enquête sur la gestion gouvernementale de la crise, en auditionnant l'ensemble des responsables. Ce fut un travail passionnant et, me semble-t-il, d'utilité publique. La crise étant toujours en cours à l'heure où j'écris ces lignes, je préfère ne pas trop m'étendre sur cette question qui mériterait sinon un ouvrage, du moins un chapitre entier…

Maintenant que j'ai assimilé les fonctionnements, complexes, des institutions, que je me sens parfaitement légitime dans mon rôle de députée, élue du peuple, représentante de la Nation, et que j'imagine que l'avenir parlementaire sera plus ouvert qu'il ne l'est aujourd'hui, je souhaite briguer un second mandat. Je me présenterai donc à nouveau devant les électeurs de ma circonscription en 2022, afin de défendre mon bilan et de poursuivre mon action, auprès d'eux et en leur nom. J'espère qu'ils m'accorderont à nouveau leur confiance.

Etre femme en politique

En 2017, le groupe parlementaire auquel j'appartiens comptait suffisamment de membres pour que nous ayons accès à la Vice-Présidence de l'Assemblée Nationale. Sans concertation aucune, Jean-Christophe Lagarde a considéré que ce siège revenait de droit à Yves Jégo. Il me semble que si cette décision avait été mise aux voix, personne ne s'y serait opposé : c'est un ancien ministre, une figure de la politique. Le fait est que ce ne fut pas discuté. Lorsque Yves Jégo fit le choix de démissionner de son mandat de député pour s'engager dans le privé dans une start-up, il fut décidé, toujours unilatéralement par Jean-Christophe Lagarde, que son siège de Vice-Président reviendrait à Maurice Leroy. Pourquoi pas ? C'est également une personnalité publique importante et un ancien ministre. Là encore, une concertation aurait permis de trancher cette question et d'aboutir, sans doute, au même résultat. Mais il n'y en a pas eu. Ce fut à nouveau le fait du prince. Lorsque Maurice Leroy démissionna de son mandat de député pour apporter ses compétences sur le Grand

Moscou, JC Lagarde choisit de confier la Vice-Présidence à Francis Vercamer, député du Nord. Là encore, sans concertation collective… Considérant qu'il était temps de prendre ce genre de décisions importantes de manière démocratique et que le fait d'être le parti de Simone Veil méritait peut-être que l'on songe un jour à placer une femme à ce poste, je fis part de mon mécontentement… sans effet. Après le départ de quelques députés de notre groupe parlementaire, la Vice-Présidence de l'Assemblée Nationale échappa à notre groupe pour revenir au PS. L'UDI récupéra alors deux sièges de Secrétariat. De manière incroyablement caricaturale, Jean-Christophe Lagarde décida de confier ces postes à deux femmes : Laure de La Raudière et moi !

Notre groupe parlementaire traverse une zone de turbulences, certains menaçant de quitter le navire UDI, ce qui compromettrait le groupe, puisqu'il faut un minimum de quinze députés. C'est ainsi qu'un député a fait pression sur Jean-Christophe Lagarde pour obtenir un statut… Bizarrement, il m'est revenu aux oreilles que mon Président avait accepté de donner mon poste de Secrétaire à ce député, sans m'en avertir ! Je pense qu'on n'aurait jamais fait une chose pareil, ni à Maurice Leroy, ni à Yves Jégo, ni à Francis Vercamer. La seule raison pour laquelle JC Lagarde s'est permis de céder mon poste pour contenter ce député est évidemment liée au fait que je suis une femme ! Bien que travaillant du matin au soir pour mon parti depuis des années, bien que remportant des victoires électorales et lui apportant de la visibilité, bien que répondant présent à chaque sollicitation, je suis toujours considérée comme portion congrue parce que femme, ce qui me sidère. Certes, on me répondra que les choses sont en train d'évoluer et que ce vieux monde voit s'effondrer une partie de son règne passé sous ses pieds. Si l'on pouvait difficilement faire pire, je crois néanmoins que certains réflexes sont profondément ancrés dans les mentalités. Si la forme évolue, le fond ne change pas tant que cela. Au moment de former des gouvernements, on s'arrange pour que le casting soit acceptable et que la parité soit respectée. Mais en sous-marin, par-delà la photo, il n'y a quasiment que des hommes dans les cabinets ministériels. Dans le même esprit, il suffit de jeter un œil aux entreprises du CAC 40, aux groupes de presse, aux organisations syndicales de poids, pour comprendre que la plupart des postes-clés sont détenus par des hommes dans notre pays.

Cela ne fait que prolonger la vision inculquée dès le plus jeune âge au travers de livres comme *les Schtroumpfs*, déjà évoqués, ou *Petit Ours Brun* dans lequel Maman Ours est systématiquement en train de faire la cuisine ou le ménage, tandis que Papa Ours est parti travailler ou lit le journal en charentaises dans son fauteuil ! Lorsque je me suis engagée en politique, j'avoue avoir pensé que les choses iraient plus vite, cru que le vent tournait. Les récents phénomènes comme Metoo ont pu m'en donner l'impression. Il me semble néanmoins que la route reste longue et que tous les leaders d'opinion ont encore beaucoup de travail à faire sur eux-mêmes avant de faire changer notre société. Longue est la liste des femmes de talent que le machisme ambiant et les coups bas des hommes ont découragées de la politique, y compris dans les jeunes générations : Chantal Jouanno, Nathalie Kosciusko-Morizet, Rama Yade, Cécile Duflot,... Nombre d'entre elles, y compris au sein de partis prétendument progressistes, se sont fait laminer et n'ont plus aucun goût à la politique. Il faut tellement ramer pour parvenir aux postes qu'occupent naturellement les hommes que si on n'en est pas exclue, on s'écroule d'épuisement et on jette l'éponge. C'est comme si la politique était le dernier terrain d'opération militaire pour les mâles alpha. Je sais certains hommes capables de s'entendre malgré leurs divergences d'opinion pour s'opposer à une femme. Les ennemis d'autrefois s'allient pour faire barrage. Hélas, pour l'instant, il semble que nous soyons incapables de fonctionner ainsi, de créer une sorte de club trans-partisan, visant essentiellement à permettre aux femmes d'exister efficacement et durablement en politique. Encore aujourd'hui, au moment où ont lieu ces réunions de réseautage, le soir, les femmes sont à la maison pour s'occuper de leurs enfants, cela semble caricatural, mais c'est pourtant la réalité. Un dessin que j'aime beaucoup illustre cette idée. On y voit sur la ligne de départ d'une course de haies un homme et une femme. L'homme a devant lui une série d'obstacles classiques. La femme, quant à elle, s'apprête à sauter par-dessus un frigo, un lave-linge, une gazinière, les devoirs des enfants, etc. Tout est dit.

En 2020, en France, les hommes continuent à gouverner le système politique, veillant à « placer ici ou là quelques nanas », comme ils doivent se le dire entre eux, et à peser de tout leur poids quand il le faut pour que les femmes rentrent dans le rang. Un exemple : au sein de ma propre formation, il m'a été demandé en quelques mois de soutenir publiquement Benjamin Grivaux lors de sa candidature à la Mairie de Paris, puis Guillaume Peltier pour les élections régionales... Peu à l'aise avec ce grand écart idéologique, j'ai refusé de lui apporter mon soutien. Et je me suis retrouvée convoquée, via SMS, par le *politburo* de mon parti, lors des Universités d'été, dans une loge sans fenêtre du Minotaure de Vendôme, face à une demi-douzaine d'hommes qui attendaient de moi que je m'explique et que je me conforme à leurs attentes. Cette mise en scène se voulait sans doute intimidante et je ne suis pas certaine qu'un homme ayant mon statut et mon expérience dans le parti y aurait eu droit dans les mêmes circonstances... C'est consternant. Souvent, je pense à Simone Veil et à son combat pour l'IVG. Quel courage a eu cette femme qui s'est fait traiter de tous les noms dans l'hémicycle par des hommes qui voulaient légiférer à leurs places sur le corps des femmes ! Première femme au Parlement Européen, elle a dû lutter contre tous les a priori, les conservatismes, les petites alliances, le sexisme ordinaire. N'oublions jamais son exemple.

Aujourd'hui encore, tous les codes de la politique sont masculins. Ils ne sont pas naturels pour les femmes : cette vision très compétitrice, très carnassière, n'est pas innée pour nous. J'ai eu l'occasion d'évoquer la façon dont l'éducation des élites prolongeait cette voracité. Malgré quelques signaux ici ou là, on voit bien que ce sont toujours ces valeurs qui fonctionnent en politique. Il faut tuer avant d'être tué. Moi, même, je m'aperçois que je ne suis tactique que depuis quelques mois. J'ai longtemps été trop tendre, trop naïve et on m'a manipulée et maltraitée, parce qu'il me manquait ces codes au départ. De fait, la plupart des femmes qui sont parvenues à s'imposer, en France ou ailleurs, ont dû tôt ou tard endosser les codes de la masculinité. Je pense notamment à Margaret Thatcher ou à Angela Merkel dont les personnalités très dures tranchent singulièrement avec la perception de qualités dites féminines. On leur reconnaît des compétences politiques parce qu'elles se sont fondues dans le moule masculin. Une nouvelle génération, incarnée par Jacinda Ardern en Nouvelle Zélande, semble se lever qui permettra peut-être de tourner cette page. Les pays scandinaves et anglo-saxons sont nettement en avance puisque les femmes y sont régulièrement plus nombreuses que les hommes, au sein des gouvernements ou des assemblées parlementaires. Prenons par exemple Sanna Marin, âgée de 35 ans, Première ministre finlandaise depuis le 1er décembre 2019, ou Helle Thorning-Schmidt, Première ministre danoise entre 2011 et 2015 ! En France, la loi oblige les partis politiques à faire élire des femmes, mais il est extrêmement fréquent d'en voir démissionner, une fois les élections remportées, pour laisser la place aux hommes. Souvent, la liste qui prend des fonctions n'est pas celle qui a été élue... Au sein des conseils départementaux, la parité est pure et parfaite puisque tous les élus le sont par binômes mixtes et que les remplacements se font en tenant compte du sexe. Pourtant, à l'heure où j'écris ces lignes, seules 14 femmes sont présidentes d'un des 101 Conseils départementaux…

Semé d'embûches, mon parcours n'a pas été rectiligne, j'en suis consciente. Je crois modestement que ce sera le cas de plus en plus de responsables politiques dans les années à venir. Il m'a donc paru intéressant de partager mon expérience, à travers un livre, pour inciter des femmes à se lancer dans la vie de la cité. J'espère que mon histoire, à travers ses succès comme à travers les moments plus compliqués, pourra leur permettre de franchir le pas, en les éclairant. J'ai à cœur, dans les années qui viennent, de me mettre à la disposition de celles qui hésitent à s'engager en politique. Je crois toujours qu'il y a un temps pour agir et un temps pour transmettre, ce n'est pas une question d'âge. Si l'expérience est une lanterne que l'on porte dans le dos et qui n'éclaire que les erreurs du passé, je pense tout de même qu'un certain nombre de constantes existent pour les femmes dans la vie professionnelle, et plus encore dans la vie politique. Personne ne nous attend. Personne ne nous fait de cadeaux. Bien sûr, il y a des quotas, et j'ai conscience d'en avoir largement profité lorsque mon nom a émergé pour devenir candidate aux élections européennes. Mais le retour de balancier existe bel et bien, car les hommes tiennent à garder leur place, au sommet de la pyramide. Certains, et ils ne s'en cachent plus du tout, se sentent menacés parce qu'ils ne font pas partie des minorités dont on favorise l'accès à des postes plus valorisants qu'autrefois. Et ils en veulent à ces minorités de les en déposséder. Ils défendent leur pré carré. A la façon dont ils le font, on peut penser qu'ils abattent leurs dernières cartes. Peut-être une politique conçue de manière plus mixte, moins agressive, est-elle possible en France, même si nous ne sommes pas des Scandinaves ou des Anglo-Saxons. Peut-être est-il possible que ce patriarcat qui étouffe quelque peu la vie publique soit aujourd'hui en bout de course. C'est souhaitable, me semble-t-il. Il m'importe en tout cas de contribuer à faire évoluer les choses. C'est une des raisons d'être de ce livre.

EPILOGUE

Comme pour beaucoup de gens, l'année 2020 – si particulière - m'a permis de prendre du recul sur mon existence. Confinée une partie du printemps et de l'automne, j'ai mis à profit ce temps pour réfléchir à mon parcours et j'ai choisi de prendre la plume pour le raconter dans ces pages. Il me semblait que cela pouvait être utile à ceux, et surtout celles, qui avaient les mêmes aspirations que moi et se heurtaient, parfois, aux mêmes obstacles et aux mêmes plafonds de verre. Tout au long de ces mois de confinement, de déconfinement, puis de reconfinement, nous avons vécu au rythme des informations du front sanitaire, des vagues de contamination, d'hospitalisation et, hélas, de décès. Si je pense bien sûr aux dizaines de milliers de morts, je veux aussi avoir un mot pour tous ceux qui ont perdu un être cher ou qui n'ont pas pu entourer d'affection leurs proches qui en avaient besoin, au moment où ils en avaient le plus besoin. C'est sans aucun doute une épouvantable épreuve.

Ecrire son histoire, c'est tenter de trouver un fil conducteur et, peut-être, voir ici ou là, la patte du destin. De manière assez singulière, c'est au moment où j'allais terminer ce livre, où je relisais le texte et réfléchissais avec mon éditeur au titre et à la photo de couverture que m'est tombée dessus une nouvelle qui eut pour moi l'effet d'une bombe. Bien en phase avec 2020, cette nouvelle remit la santé au premier plan de mes préoccupations. Une augmentation du volume de ma poitrine durant l'été, ainsi que la sensation d'une boule palpable m'avaient incitée à réaliser une mammographie. Je me suis donc rendue à cet examen assez désagréable que connaissent toutes les femmes et que, je dois l'avouer, j'avais hélas eu tendance à négliger. Certes la médecine et la science font d'énormes progrès, et bien sûr de nombreux professionnels de santé sont extrêmement investis et délicats, mais il y a toujours quelque chose de brutal, de froid, de stressant et de foncièrement humiliant dans les protocoles médicaux... De fait, la mammographie laissant planer un doute, je dus subir une biopsie, elle aussi pénible et douloureuse, puis le verdict tomba, implacable, effrayant : cancer du sein ! « Cancer », probablement l'un des mots les plus anxiogènes pour qui est né au XXe siècle, a vu des proches fauchés par la maladie et a dépassé les cinquante ans. Personne n'est prêt à entendre une telle nouvelle. Le sol se dérobe sous vos pieds, le ciel vous tombe sur la tête et avec lui, un poids inouï sur les épaules. Vous vous imaginez mourir à petit feu et dans la souffrance, vous vous voyez déjà allongée dans un cercueil, vous vous représentez vos proches hagards, brisés par la tristesse. Vous pensez à tout ce qui ne vous arrivera plus. Vous imaginez tout ce que vous ne vivrez pas avec vos enfants... L'annonce d'une maladie comme le cancer est un véritable coup de massue, une fin de non-recevoir pour les rêves et les projets, une promesse de vie diminuée et raccourcie. Il s'agit d'une épreuve bouleversante. Ayant déjà eu à traverser des moments difficiles sur le plan de ma santé, je ressentis cette information avec une immense violence, mêlée de tristesse et d'inquiétude, avant que l'esprit combattif et l'instinct de survie ne reprennent le dessus. En France, le cancer du sein est celui qui touche le plus fréquemment les femmes. Chaque année, près de 60 000 nouveaux cas sont diagnostiqués dans notre pays et environ 12 000 femmes en meurent. Heureusement le taux de mortalité lié à ce cancer diminue, grâce notamment à un meilleur dépistage et au développement de thérapies plus efficaces.

Lorsque le cancer est décelé à un stade relativement précoce et n'a pas eu encore le temps de s'étendre à d'autres cellules du corps, l'ablation chirurgicale des deux seins permet d'éviter chimio ou radiothérapie, protocoles lourds dont je ne voulais surtout pas. La mort dans l'âme, j'ai opté pour la mastectomie. C'est à ce moment que j'ai attrapé la Covid, ce qui a jeté un doute quant à mon opérabilité. Amenée à rencontrer beaucoup de gens, du fait de mon rôle de députée, et en dépit du scrupuleux respect des consignes d'hygiène et des gestes-barrières, j'ai en effet été atteinte par le coronavirus. Je n'ai eu qu'un peu de fièvre et quelques symptômes désagréables, rien de sérieux, mais j'ai connu l'isolement au sein de ma propre maison, assignée à résidence dans la chambre d'amis pour ne pas contaminer mon mari et mes fils, abonnée aux plateaux-repas, obligée d'éviter de croiser autant que possible ceux que j'aime pendant plusieurs jours. Ce n'était pas très drôle, mais ce n'était pas trop grave et, surtout, cela ne remit pas en question la mastectomie. Le rendez-vous a finalement été fixé au 6 novembre. Ce jour-là, un pôle technique, composé d'une femme chirurgien-obstétrique et d'un chirurgien plastique, m'a sauvé la vie. Pour ce faire, on m'a retiré les glandes mammaires des deux seins, ainsi que les ganglions sentinelles et le mamelon du sein droit. Afin que je survive, on m'a enlevé ce qui fait de moi un mammifère, contribue à me définir comme être de sexe féminin et, surtout, m'a permis de nourrir mes fils nouveau-nés. Enlevés mes seins, organes nourriciers, outils de maternité, attributs de féminité, objets de désir des hommes, y compris des plus lourdauds, ceux qui ne reculent jamais devant une allusion graveleuse ou un regard de travers, voire un geste inexcusable. Remplacés par des prothèses de silicone qui doivent me rendre un peu de moi-même et qu'il me faut désormais m'approprier, à un âge déjà délicat pour les femmes. J'ouvre une parenthèse : on pardonne très mal aux femmes de vieillir dans notre société, notamment lorsqu'elles ont un métier public. Jugées sur leur physique avant de l'être sur leurs compétences ou leurs propositions, les femmes médiatisées doivent impérativement rester jeunes et séduisantes. En politique notamment, il me semble que toutes celles dont la carrière dure ne font pas leur âge...

Malgré les progrès de la science et de la chirurgie réparatrice, la mastectomie est une mort de la féminité, au même titre que la ménopause. Comble du sort, c'est l'année où la santé occupe le cœur des débats, au moment où j'achève ce texte autobiographique, réflexion globale sur la condition des femmes au travers de mon parcours singulier, qu'il me faut affronter cette tragédie, par essence féminine. Bien sûr, je mesure ma chance que le diagnostic ait été porté suffisamment tôt pour qu'il soit possible de trouver une solution. Grâce à cette ablation, douloureuse tant physiquement que psychologiquement, je suis sauvée. Je ne l'oublie pas et je remercie du fond du cœur les médecins et le personnel soignant qui se sont occupés de moi.

Malgré tout, Jacques Chirac le disait, « les emmerdes, ça vole toujours en escadrille. » Je dois hélas lui donner raison. Si l'opération elle-même a permis de stopper net ce début de cancer, l'anesthésie générale et la période de repos entourant l'intervention chirurgicale ont causé des dommages collatéraux. Ainsi que je l'ai déjà évoqué, il m'est arrivé autrefois de connaître des problèmes de santé importants, nécessitant l'ablation d'une partie de mon intestin. Souffrant de maux de ventre très intenses et douloureux (colites aiguës) dans les jours qui suivirent ma sortie de la clinique, je me suis rendue aux urgences. J'y ai tout d'abord été remarquablement prise en charge, avec beaucoup d'humanité et de délicatesse, puis j'ai subi divers examens, avant qu'un chirurgien digestif ne m'annonce qu'on allait me garder en observation pour la nuit, avant une possible intervention le lendemain. Je me suis donc retrouvée momentanément dans une chambre double, avec une autre personne, souffrant elle aussi de lourds problèmes gastriques. Il me semble que certaines situations méritent que l'intimité et la dignité des malades soient prises en compte, dans un contexte où les durées d'hospitalisation tendent à se réduire et où une partie des chambres sont inoccupées grâce aux progrès de la chirurgie ambulatoire. Après une nouvelle batterie d'examens, j'ai été installée à 17 heures dans le service orthopédie car il n'y avait plus de place en chirurgie gastrique. Cette chambre servait manifestement assez rarement, elle était de fait en piteux état : le plafond que l'on est forcé à regarder quand on est allongé était couvert de tâches d'humidité, j'entendais tous les bruits du couloir, mes vêtements étaient regroupés sur une tablette dans un sac poubelle, je n'avais pas de couverture et j'avais froid ... bref c'était glauque. Sous perfusion toute la nuit, je savais à peine ce qu'on me mettait dans le bras, je ne savais pas ce qui m'attendait, j'espérais des informations qui ne venaient pas. Comme je n'avais rien à faire dans ce service, personne n'était trop capable de me donner d'explications et j'avais presque l'impression de gêner. Le lendemain matin, à 11 heures, après une attente qui me parut interminable, inconfortable et angoissante, je demandai à quitter l'hôpital, en signant toutes les décharges nécessaires. Et je me promis de ne plus remettre les pieds à l'hôpital public. Ecrivant cela, je mesure tout ce que cela signifie, de la part d'une députée de la République. Je suis sincèrement déçue du niveau de notre hôpital public, écrasé sous le poids des services administratifs, subissant de plein fouet la crise des vocations et la baisse des dotations. Et bien sûr, on peut dresser le même constat dans l'Education Nationale, dans la police, dans le système judiciaire ou carcéral, dans le transport ferroviaire,... Il est urgent de réallouer l'argent là où il est réellement utile et de renforcer nos services publics. Je l'ai souvent dit : j'ai le cœur à gauche et le portefeuille à droite, ce qui me situe naturellement au centre de l'échiquier politique. Je ne peux que déplorer le déclassement des services publics depuis quelques décennies. Il est grand temps de réagir. Il est parfaitement injuste, dans le pays de l'Egalité et de la Fraternité, que l'on puisse être mieux éduqué ou mieux soigné parce qu'on en a les moyens. J'ai conscience aussi d'avoir été privilégiée dans ma prise en charge, parce que je suis députée et que, sans le demander, j'ai probablement eu droit à un « traitement VIP », au moins pour ma mastectomie. Or je ne sais que trop à quel point les Français doivent attendre, et de plus en plus longtemps, pour un rendez-vous avec un spécialiste. Particulièrement en province et dans les territoires ruraux où la moyenne d'âge nécessiterait précisément un accès plus rapide aux soins. Notre pays qui s'enorgueillissait de posséder un des meilleurs systèmes de santé au monde est aujourd'hui à la traîne et contraint désormais ses citoyens à patienter plusieurs mois, jusqu'à un an, pour obtenir une consultation. Dans une société vieillissante, obsédée par la jeunesse, la technologie et la performance, cela me semble absurde. Il est urgent de prendre soin les uns des autres, et, plus concrètement, de chérir et reconsolider notre système de santé et de mieux préparer notre avenir.

Rentrant chez moi après cette parenthèse hospitalière, je me suis mise au repos, suivie par un médecin, une diététicienne et une naturopathe. Si la fièvre remontait, je n'aurais pas d'autre choix que d'être hospitalisée pour y subir une lourde intervention. Placée sous antibiotiques et anti-inflammatoires, j'ai suivi un régime extrêmement strict, perdant 7 kg en une semaine. Au bout de trois semaines, les crises s'étant espacées et réduites, le chirurgien me confirma que mes efforts avaient payé et que l'inflammation était guérie. Il m'avertit néanmoins que le rythme et la pression inhérents à la vie politique étaient hautement responsables de mon état de santé. Si je voulais éviter de nouveaux problèmes sérieux, une probable colectomie et toutes les conséquence extrêmement invalidantes de cette lourde opération, il me fallait impérativement lever le pied, voire renoncer à ma carrière politique. Après de longues journées de réflexion, de prise de hauteur, de discussions avec mes enfants (« Maman, si tu ne le fais pas pour toi, fais le pour nous... »), je me suis décidée à privilégier ma vie familiale et mon bien le plus précieux : ma santé. Il faut choisir ses combats. Luttant contre un cancer du sein puis des colites aigües depuis plusieurs mois, j'ai accepté début février 2021 de mettre un terme à mon mandat de députée.

Dans une période aussi complexe que celle que nous vivons depuis 2017, avec le rebattage des cartes politiques, la montée des populismes dans tous les pays, la crise des Gilets Jaunes puis celle de la Covid 19, mon engagement n'a jamais été en demi-teinte. Cette mission de députée, je l'ai voulue, je l'ai aimée, je m'y suis donnée, sans compter ni mon travail ni mes heures, à l'Assemblée Nationale comme dans ma circonscription. Je me suis investie totalement et mon corps a fini par craquer et me demander grâce. Prendre la décision de quitter la vie politique me rend extrêmement triste, mais je crois que dans son métier, dans son mandat, comme dans une carrière sportive, il faut savoir écouter les alertes du corps et les prendre au sérieux.

J'ai craint que cette décision ne soit pas bien comprise, que mes collègues ou mes électeurs me reprochent de les abandonner dans une période extraordinairement incertaine. J'ai au contraire reçu des témoignages de soutien qui m'ont bouleversée. En lisant certains messages ou en entendant certains hommages, provenant notamment d'adversaires politiques, j'ai presque eu l'impression d'assister à ma propre oraison funèbre ! Il me semblait qu'il n'y avait que dans les enterrements ou les nécrologies que les ennemis d'autrefois tiraient leur chapeau et se fendaient d'un compliment. Nombreux sont ceux qui ont souligné le travail, l'investissement et l'humanité de mon mandat. Certes, j'aurais pu rester en place, opter pour un congé longue maladie et continuer à percevoir l'indemnité de députée jusqu'à la prochaine élection : avoir tous les avantages sans les inconvénients. Mais j'ai une autre conception du rôle politique. Ces témoignages de sympathie m'ont clairement aidée à passer ce cap difficile. Pour autant, l'engagement politique est dans mon ADN. Y renoncer fait mourir une part de moi et donne à ce livre qui se voulait une profession de foi des allures de testament politique ou, du moins, de bilan.

Je veux croire qu'il y a de la place pour des profils comme le mien sur la scène politique. Je suis certaine que les convictions, l'engagement de cœur, l'honnêteté font de meilleurs politiques que le calcul, le cynisme et l'appât du gain. Je suis convaincue également qu'une plus grande place doit être laissée aux profils atypiques, issus de la société civile et représentatifs de la population. Il faut davantage de femmes, de jeunes, de personnes issues des minorités et du monde de l'entreprise. Si ce livre peut-être un outil de transmission et susciter une vocation pleine d'énergie, de vision et d'humanisme, alors j'aurai atteint mon objectif. En 2020, plus que jamais, il est temps de réenchanter la politique, de redonner du sens à l'engagement et de donner la parole à ceux – et celles surtout - que l'on n'entend pas suffisamment. Quant à moi, je vais continuer à prendre du repos, du recul et de la hauteur pour, demain, continuer à être utile là où je le pourrai.

TABLE

Direction d'ouvrage : **Stanislas Dupleix**
Mise en page : **Point Ligne Plan (Paris)**
Photos : **tous droits réservés**
Impression : **Imprimerie ISF (Blois)**
Dépôt légal : **2e trimestre 2021**
ISBN : **979-10-96001-09-5**